어린이 기본 안전 교육 지침

어린이
안전상식대백과

어린이 기본 안전 교육 지침

어린이 안전상식 대백과

 담터미디어

* 그림을 그린 이호준 님은 부천대 컴퓨터 산업디자인과를 졸업하고 현재 프리랜서 삽화가로 활동중입니다.

* 이 도서의 국립중앙도서관 출판시도서목록(CIP)은 서지정보유통지원시스템 홈페이지(http://seoji.nl.go.kr)와
  국가자료공동목록시스템(http://www.nl.go.kr/kolisnet)에서 이용하실 수 있습니다. (CIP제어번호:CIP2014007862)

어린이 기본 안전 교육 지침 어린이 안전상식대백과

2014년 3월 25일 발행 | 펴낸곳 담터미디어 | 펴낸이 이용성 | 그림 이호준 | 기획·구성·디자인 wooozooo
마케팅 박기원 신동수 전병준 박성종 | 관리 최진욱 홍진호 조병후 | 편집 전은경 김미애
등록 제1996-1호(1996. 3. 5) | 주소 서울 중랑구 면목동 63-25 | 전화 02)436-7101 | 팩스 02)438-2141
ISBN 978-89-8492-619-6 (73370)
ⓒ 담터미디어   * 이 책에 실린 글과 그림의 무단 전재나 복제를 금합니다. 책값은 뒷표지에 있습니다.

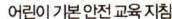

어린이 안전사고에 관한 **100가지 안전상식** 알아보기

평소 안전의식이 투철하고 무엇이든 준비성이 있는
똑순이 왕슬기와 덤벙대지만 가끔은 용기있게 행동하는 나용맹,
그리고 주인인 나용맹보다도 더 야무지게 행동하는 똘똘이가
어린이 여러분을 대신하여 매일매일 주변에서 흔히 발생하는
어린이 안전사고에 대해 함께 알아봅니다.
어느 때 어떻게 행동하는 게 좋은지 하나하나 살펴보고
어떤 순간에도 지혜롭게 대처할 수 있도록 준비해 봅니다.
친구들은 똑같은 순간에 어떻게 행동했는지도 물어보고
혼자 해결할 수 없는 일들은 어떻게 대처해야 하는지 부모님께
여쭤 봅니다. 안전사고에 대비하여 알아두어야 할
안전싱식 100가지 이야기를 지금부터 살펴봅니다.

어린이 기본 안전 교육 지침 **어린이 안전상식 대백과**

어린이 특별안전

1. 아무래도 길을 잃은 것 같아요. …………… 14
2. 낯선 사람이 도와달라는데 어떡하죠? …………… 16
3. 두 번째 만나면 아는 사람인가요? …………… 18
4. 위험한 순간엔 소리를 질러요. …………… 20
5. 있는 힘을 다해 저항하세요. …………… 22
6. 호신용 호루라기를 몸에 지니고 다녀요. …………… 24
7. 어두운 길이나 장소는 무서워요. …………… 26
8. 내 몸은 가장 소중합니다. …………… 28
9. 마음대로 만지지 마세요! …………… 30
10. 내가 아는 사람이 그랬어요. …………… 32
11. 특히 차를 조심할 것. …………… 34
12. 성폭력을 저지르는 것은 범죄입니다. …………… 36
13. 성폭력 상담소를 알고 있나요? …………… 38
14. 이성과는 단둘이 있지 않아요. …………… 40
15. 친구가 괴롭혀요. …………… 42

16. 술, 담배 왜 하면 안 되나요? ·················· 44

생활안전

17. 코피가 날 때 고개를 들까요, 숙일까요? ·················· 46
18. 귓속에 벌레가 들어갔어요. ·················· 48
19. 응급 상황에 대비한 상비품 ·················· 50
20. 불이 났을 때, 엘리베이터 금지! ·················· 52
21. 엘리베이터가 고장나서 갇혀 버렸어요. ·················· 54
22. 급할 땐 에스컬레이터에서 뛰어가기? ·················· 56
23. 에스컬레이터 역방향 이용은 절대금지 ·················· 58
24. 에스컬레이터 안전수칙 ·················· 60
25. 인터넷 중독 예방하기 ·················· 62
26. 베란다 난간 접근 금지! ·················· 64
27. 선풍기 안진시고 예방 ·················· 66
28. 침대에서 뛰어놀지 않기 ·················· 68
29. 전선을 잡아당기면 안 돼요. ·················· 70
30. 전기 안전 사용법 ·················· 72

어린이 기본 안전 교육 지침 **어린이 안전상식대백과**

31. 산에서는 혼자 다니지 않아요. ·················· 74
32. 산에서 길을 잃었을 때 ·················· 76
33. 산행의 기본 복장 점검 ·················· 78
34. 나만 따라오는 벌이 제일 무서워 ·················· 80
35. 응급의료 정보센터를 아세요? ·················· 82
36. "불이야!" ·················· 84
37. 119 전화는 만능 슈퍼맨 ·················· 86
38. 내 옷에 불이 붙었어요! ·················· 88
39. 소화기 사용법 ·················· 90
40. 누가 나 좀 꺼내 주세요! ·················· 92
41. 불덩이로 변해버린 문손잡이 ·················· 94
42. 내 친구는 휴대폰 중독자 ·················· 96
43. 인터넷에 중독되었다는 걸 어떻게 알아요? ·················· 98
44. 게임을 안 하고는 못 살아! ·················· 100
45. 연필 때문에 큰일 났어요. ·················· 102
46. 학교 계단에서 굴렀어요. ·················· 104
47. 번개가 치면 천둥이 따라와요. ·················· 106

48. 비 오는 날에는 밝은 색 우산을 써요. ……………… 108
49. 으, 똥은 싫어! ……………… 110
50. 함께 사는 동물인데 뽀뽀하면 안 돼요? ……………… 112
51. 개에게 물리면 주사 맞아야 돼요? ……………… 114
52. 애완동물을 동물원에 데려가고 싶어요. ……………… 116
53. 동물원 동물들도 과자를 좋아할 거야. ……………… 118
54. 동물원에서 이것만은 지키자. ……………… 120
55. 혼자 있는데 택배가 왔어요. ……………… 122
56. 뜨거운 햇볕은 위험해요. ……………… 124
57. 회전문에 끼임 사고 ……………… 126
58. 깨진 유리를 엄마 몰래 치우려고요? ……………… 128
59. 가스불을 함부로 조작하면 절대 안 돼요. ……………… 130
60. 세탁기에 누가 들어갔어요? ……………… 132
61. 쇼핑카트에 티도 될까요? ……………… 134
62. 쇼핑카트 안전수칙 ……………… 136

어린이 기본 안전 교육 지침 **어린이 안전상식대백과**

교통안전

63. 어딜 가든 우측통행·················· 138
64. 찻길을 건널 때 왜 손을 들어야 하나요?·················· 140
65. 신호등이 없어서 길을 건너기가 무서워요.·················· 142
66. 도로 횡단 5원칙·················· 144
67. 자동차 전좌석 안전벨트·················· 146
68. 바로 매야 안전벨트·················· 148
69. 덩치 큰 버스는 안에서나 밖에서나 모두 조심·················· 150
70. 자동차 창문에 머리가 끼었어요.·················· 152
71. 지하철에는 풍선을 갖고 타지 않아요.·················· 154
72. 지하철 승강장의 노란 안전선과 자동문·················· 156
73. 지하철 승차 에티켓·················· 158

놀이안전

74. 반드시 준비운동 하세요.·················· 160
75. 물속에서 소변보는 친구 찾아내기·················· 162
76. 튜브는 빵빵할수록 좋은 거 아닌가요?·················· 164

77. 누가 내 신발 좀 건져 주세요. ………… 166
78. 내 친구를 도와주세요. ………… 168
79. 장난감 비비탄총 위험 경고! ………… 170
80. 장난감 조각이 위험해요. ………… 172
81. 모래놀이도 조심 ………… 174
82. 그네는 재미있지만 위험하기도 해요. ………… 176
83. 미끄럼틀은 미끄러워서 위험해요. ………… 178
84. 혼자서는 탈 수 없는 시소 ………… 180
85. 빙글빙글 재미있지만 내 머리도 빙글빙글 ………… 182
86. 놀이터 안전사고 예방 ………… 184
87. 데구루루 찻길로 굴러가는 공 ………… 186
88. 자전거로 횡단보도 건너기 ………… 188
89. 자전거 면허증 갖고 있나요? ………… 190
90. 보호 장비가 큰 사고를 예방해요. ………… 192
91. 자전거 안전 점검하세요. ………… 194
92. 빙판길은 놀이터가 아니에요. ………… 196

어린이 기본 안전 교육 지침 **어린이 안전상식대백과**

식품안전

93. 마시면 안 되는 걸 마셨어요. ················ 198
94. 문방구에서 파는 불량식품 안 사먹기 ················ 200
95. 유통기한 확인 습관 ················ 202
96. 냉동된 아이스크림은 상하지 않을까요? ················ 204
97. 만날 손 씻으래서 귀찮아요. ················ 206
98. 상한 음식인지 몰랐어요. ················ 208
99. 왜 맛있는 햄버거를 못 먹게 하나요? ················ 210
100. 말랑말랑 달콤한 젤리가 위험해요. ················ 212

어린이 기본 안전 교육 지침

어린이 특별안전

1
아무래도 길을 잃은 것 같아요.

부모님과 함께 밖에 나왔다가 잠시 한눈을 판 사이 부모님과 떨어져 버렸어요. 모르는 장소에서 미아가 되었을 때 어떡하면 좋을까요? 어린이들은 당황하면 울음을 터뜨리기 쉬워요. 불안하고 무서워서 혼자 울며 길거리를 헤맨다면 나쁜 사람들이 접근해 올 수도 있으므로 울지 말고 침착하게 행동하는 것이 중요해요. 평소 만약의 상황에 대비하여 부모님의 연락처와 집주소는 반드시 외우고 있어야 합니다.

휴대폰을 이용해요 : 부모님께 전화를 걸어 자신이 있는 곳을 설명해요. 위치를 잘 알 수 없을 때는 주변의 큰 건물이나 간판을 살펴보고 말해요. 부모님이 전화를 받지 않을 때는 경찰청인 112번이나 경찰청 미아찾기 센터인 182번으로 전화해요.

공중전화를 이용해요 : 공중전화의 콜렉트콜을 이용하면 돈이 없어도 전화를 걸 수 있어요. 주변의 어른에게 휴대폰을 빌려 전화를 거는 방법도 있답니다.

경찰서를 찾아가요 : 주변에 경찰서가 보인다면 경찰서로 가서 도움을 구해요. 경찰서가 없다면 은행이나 백화점, 상점과 같은 공공장소에 들어가서 직원에게 도움을 요청하세요.

2
낯선 사람이 도와달라는데 어떡하죠?

낯선 사람이 도움을 청하면 어떻게 해야 할까요?

어려운 사람을 도와주는 것은 마땅히 해야 할 일이에요. 그러나 도움을 청하는 사람이 정말 곤경에 빠진 것인지, 나쁜 생각을 가지고 접근하는 것인지를 구분하기가 어려워요.

낯선 사람이 도움을 청해 오면 일단은 내가 도와줄 수 있는 일인지 아닌지를 먼저 판단해요. 도울 수 없는 일이라면 "제가 도와드릴 수 있는 일이 아닌 것 같아요. 죄송해요."라고 말해요. 또 충분히 도울 수 있는 일이라 하더라도 낯선 사람과 같이 어딘가로 이동을 하거나, 차 또는 다른 공간으로 들어가는 일은 피하는 것이 좋아요. 인적이 드문 곳은 위험할 수 있으니 여러 사람이 있는 길이나 공간에서 도움을 줄 수 있는 경우에만 돕는 것이 안전하답니다.

도와주지 못해 마음이 불편하다면 주변의 어른들께 대신 도와달라고 부탁드리는 방법도 좋겠죠?

3
두 번째 만나면 아는 사람인가요?

아는 사람이라고 할 수 있는 기준은 무엇일까요?

사람들은 아는 사람은 믿을 수 있다는 생각을 가지고 있어요. 그래서 아는 사람은 경계하지 않게 되는데, 어린이들의 경우 더 쉽게 사람을 믿어요. 예를 들어 어제 처음 만난 사람은 모르는 사람이지만, 오늘 두 번째 만난 사람은 아는 사람이라고 생각하는 거예요. 범죄자들은 이런 점을 악용해서 어린이들을 납치하거나 폭행하는 범죄를 저질러요. 우리 가족 외의 사람은 아는 사람이라 하더라도 항상 주의해야 합니다.

이런 경우 어떡하면 좋을지 가족이나 친구들과 토론해 보세요.

4
위험한 순간엔 소리를 질러요.

납치는 순식간에 일어나요. 따라서 평소에 위험한 순간을 대처하는 방법을 연습해 두는 것이 필요해요.

강제로 잡아가려고 하면 크게 소리를 질러 도움을 요청해야 해요. 이때 "불이야"라고 소리치는 것도 좋은 방법이에요. "도와주세요!"라고 소리를 지르면 듣고도 도와주지 않을 수 있거든요. "불이야"라고 소리 지르면 대부분 달려 나오기 때문에 도움을 받기 쉬워요.

목소리가 작은 어린이들은 실제 상황처럼 크게 소리 지르는 연습을 해 보는 것이 좋아요.

5
있는 힘을 다해 저항하세요.

나쁜 사람이 손을 잡아끌거나 뒤에서 안아서 잡아가려고 할 때 어린이는 자신이 낼 수 있는 최대의 힘을 내어서 도망치려고 노력해야 해요.

　만약 뒤에서 안은 경우 범죄자의 손가락을 물거나 손가락을 뒤로 젖혀요. 입을 사용할 수 없을 때는 발을 밟거나 몸에 반동을 주어 범죄자의 턱을 머리로 받는 것도 좋은 방법이랍니다. 범죄자의 눈을 찌르는 방법도 있어요. 이때는 두 손가락이 아닌 다섯 손가락을 모두 펴서 힘을 주고 찔러야 해요. 다섯 손가락을 폈을 때 힘이 더 세거든요.

　이러한 방법은 범죄자를 크게 다치게 할 수는 없지만, 당황시킬 수는 있어요. 범죄자가 당황하여 멈칫하는 순간을 이용해 도망칠 수 있답니다. 간단한 호신술을 평소에 부모님이나 친구들과 연습해 보도록 해요.

6
호신용 호루라기를 몸에 지니고 다녀요.

힘이 약한 어린이들은 범죄자로부터 도망치거나 대항하기가 어려워요. 위험한 상황이 닥치면 당황하고 무서워서 목소리가 제대로 나오지도 않거든요. 이럴 때를 대비해서 호루라기를 목에 걸고 다니도록 해요.

호루라기를 부는 것이 어려운 어린 친구들은 액세서리 경보기를 휴대하는 것도 좋아요. 경보기는 불지 않고 당기기만 하면 경보음이 울리거든요. 또한 입으로 불지 않고 버튼으로 작동하는 전자호루라기도 위급한 상황에서 유용하게 사용될 수 있답니다. 소리 지르는 것보다 소리가 훨씬 커서 효과적이므로 평소 호신용품 한 가지쯤은 지니고 다니도록 해요. 특히 어른(보호자)과 동반하지 않고 외출할 때는 꼭 챙기는 습관을 들이도록 하세요.

7
어두운 길이나 장소는 무서워요.

어린이 혼자 길을 다닐 때는 밝은 낮이라고 해도 어두운 길이나 골목, 인적이 드문 곳으로는 다니면 안 돼요. 어린이들이 골목길을 혼자 지나는데 나쁜 사람을 만나게 되면 도움을 받기가 어렵기 때문이에요. 어린이는 어른보다 힘이 약하기 때문에 어른들을 이길 수가 없어요. 도망을 친다고 해도 잡히기가 쉽답니다.

사람들이 많은 곳으로 다녀야만 위험한 순간에 도움을 받을 수가 있어요. 또한 밝은 곳에서는 범죄자들이 나쁜 행동을 하기 어려우므로 어두운 곳보다 훨씬 안전하답니다.

8
내 몸은 가장 소중합니다.

내 몸은 누구도 함부로 할 수 없어요. 나 또한 내 몸을 함부로 하면 안 돼요. 우리 몸은 부모님이 주신 소중한 것이기 때문이에요. 그런데 최근 어린이 성폭력 사건 소식을 자주 접하게 돼요.

어린이들은 자신의 몸이 얼마나 소중한지를 스스로 알고 지키도록 노력해야 해요. 그리고 평소에 성에 대한 올바른 지식을 학습하는 것이 중요합니다. 부모님과 선생님을 통해서 이야기를 듣거나 책을 통해서 여러 사례를 알아볼 수 있어요. 어떠한 상황이 발생했을 때 어떻게 대처하는 것이 좋은지 대처법을 알고 있다면 큰 도움이 될 수 있을 거예요.

9
마음대로 만지지 마세요!

엄마나 아빠가 안아주면 기분이 좋아요. 할머니 품은 너무 따뜻해요. 이렇게 기분이 좋아지는 스킨십이 있는 반면 기분 나쁜 스킨십도 있어요.

　놀이터에서 만난 아저씨가 예쁘다며 자꾸 엉덩이를 만지고 안으려고 하면 기분이 나쁠 거예요. 동네 할머니가 '고추 좀 보자' 하면서 바지를 벗기려고 한다면 도망치고 싶어지겠죠? 만약 누군가가 나에게 기분 나쁜 스킨십을 하려고 한다면 분명하게 싫다고 말해요. 강제로 붙잡는다면 큰 소리로 '불이야'라고 외치고 도망치도록 해요.

　삼촌이나 친척 오빠 같은 가족의 스킨십도 내가 싫다면 거절할 수 있어요. 내가 예뻐서 그러는 건데 혹은 가족인데 내가 싫다고 하면 안 되는 거 아닐까 하는 생각으로 참지 않도록 해요. 내가 싫으면 어느 누구도 내 몸을 건드려서는 안 돼요.

　이제부터는 '혼나면 어떡하지?'라고 고민하지 말고 당당하게 "싫어요!"라고 말하도록 해요.

10
내가 아는 사람이 그랬어요.

성폭력 사건의 가해자를 보면 평소 피해자가 가깝게 알고 지내던 사람들이 많아요.

특히 어린이 성폭력 범죄자는 친척이나 동네 아저씨 등 평소 가깝게 지내던 사람들인 경우가 많다고 해요. 매우 안타까운 일이에요. 따라서 평소 친한 사이였다고 해도 단둘만 있다거나 갇힌 공간, 인적이 드문 곳에 가는 것은 피하는 것이 좋답니다.

11
특히 차를 조심할 것.

"아저씨가 차 안에 물건을 떨어뜨렸는데, 아저씨 손이 커서 꺼낼 수가 없단다. 너는 손이 작으니깐 꺼낼 수 있을 거야. 좀 도와주겠니?"

"애야, 길을 잘 모르겠는데, 차에 타서 길을 안내해 주겠니?"

"네 엄마가 널 데려오라 하셨어. 급하니 얼른 타거라."

"어디 가니? 나도 그쪽으로 가니까 태워줄게."

이런 얘기를 듣는다면 어떡해야 할까요?

차를 이용한 납치 사고가 빈번히 일어나고 있어요. 낯선 사람의 차는 항상 경계해야 해요.

차에 탄 사람이 말을 걸 땐 가까이 가지 않아요. 아무리 급하게 도움을 요청해도 모르는 사람의 차는 절대 타면 안 돼요. "잘 모르겠어요." "저는 어려서 도와드릴 수가 없어요."라고 말하고 차에서 멀리 떨어져서 지나가요. 만약 치가 계속 따라온다면 차가 오는 반대 방향으로 도망치도록 해요. 차는 반대 방향으로 돌리는 데 시간이 걸리므로 금방 따라올 수 없거든요. 그 시간에 얼른 사람들이 있는 곳으로 도망치세요.

12
성폭력을 저지르는 것은 범죄입니다.

아무 잘못도 없는 어린이들이 나쁜 어른들에 의해 성폭력이란 끔찍한 범죄의 대상이 되고 있어요.

성폭력을 당한 많은 어린이들이 모든 일을 자기 잘못이라고 여기고 죄책감에 괴로워해요. 사실을 알리는 것이 무섭고 창피하다고 생각하거나, 부모님에게 말하면 혼이 날까봐 이러한 일들을 숨기고 혼자서 힘들어하기도 하고요. 그러나 성폭력은 어린이의 잘못이 아니에요. 어린이들은 나쁜 생각을 가진 어른들의 피해자일 뿐이에요.

성폭력을 당한 어린이들은 그 사실을 부모님께 알리고 도움과 치료를 받아야만 해요. 그리고 반드시 성폭력 가해자가 누구인지 밝혀서 처벌 받도록 해야 하고요. 그래야만 다른 피해자가 생기는 것을 막을 수 있답니다.

13
성폭력 상담소를 알고 있나요?

최근 가족, 친지에 의한 어린이성폭력이 큰 문제가 되고 있어요. 이런 경우 어린이들은 도움을 구할 곳이 없지요. 이럴 때 성폭력상담소가 큰 도움이 될 수 있답니다.

성폭력상담소는 전화상담은 물론 온라인 상담도 하고 있어요. 친구들이 전화나 온라인을 통해 도움을 구하면 상담소에서 해결방안을 마련해 주고 친구들이 더 이상 성폭력으로 인한 피해를 받지 않도록 도와줄 거예요.

성폭력 피해는 어린이 혼자서는 절대 해결할 수 없어요. 성폭력 피해를 입었다면 반드시 어른이나 기관의 도움을 받아야 합니다.

홈페이지 주소: http://www.sisters.or.kr/
전화번호: (02)338-5801~2

14
이성과는 단둘이 있지 않아요.

이성과 둘만 있는 상황은 자주 생길 수 있어요. 그러나 아무리 친한 사이라고 해도 이성과 단둘이 있는 것은 위험할 수 있어요. 성폭력 사고는 이성 친구, 학원 선생님, 동네 오빠 등 가까운 이성에 의해서 발생하는 경우가 많기 때문이죠.

이성친구가 집에 놀러왔을 때는 방에 들어가지 말고 거실에서 놀도록 해요. 또한 날이 어두워질 때까지 같이 있는 것은 좋지 않아요.

학원 선생님이나 동네 오빠같이 나보다 힘이 센 이성과 둘이 만나는 것은 더욱 조심해야 해요. 만약 학원 선생님이나 동네 오빠가 따로 나를 부른다면 친구와 함께 만나거나 부모님에게 누구와 언제 만나는지를 미리 알리고 허락을 받도록 하세요. 그래야 만약의 위급한 상황에 대처할 수 있답니다.

15
친구가 괴롭혀요.

학교폭력이라고 하면 가장 흔한 것이 괴롭힘이나 따돌림이라고 볼 수 있어요. 괴롭힘이나 따돌림을 당하는 입장이라면 자신감을 잃게 되고 의기소침해지게 되죠. 그러면 더욱 학교폭력에서 벗어나기 어려워져요.

학교 폭력을 당하는 것은 본인의 잘못이 아니에요. 그러므로 이런 일을 겪고 있다면 반드시 부모님이나 선생님과 상담하도록 해요. 어른들과 상담한다고 해서 모든 문제가 단번에 해결되는 것은 아니지만 부모님은 친구들이 곤경에 처해서 나쁜 마음을 먹거나 잘못된 생각을 갖게 되는 것을 막아줄 수 있고, 앞으로 어떻게 하면 좋을지 방법을 제시해 줄 수도 있어요.

또한 부모님이 학교나 단체의 도움을 요청해 근본적인 문제를 해결할 수도 있답니다. 친구들이 혼자 고민한다고 해결책이 나오진 않아요. 부모님께 도움을 구하고 함께 고민한다면 좋은 방향으로 해결할 수 있답니다.

16
술, 담배는 왜 하면 안 되나요?

텔레비전이나 주변에서 어른들이 술을 마시거나 담배를 피우는 것을 흔히 볼 수 있어요. 어린이들 중에도 호기심에 술을 마셔 보거나 담배를 피우는 어린이들이 있어요. 흡연과 음주는 어른들에게도 나쁘지만 어린이에게는 훨씬 더 해로워요. 신체와 뇌의 발달에 크게 손상을 주기 때문이에요.

    술, 담배에 빠져들기 시작하면 돌이키기가 힘들어요. 무서운 마약과 같은 중독성이 강한 것들이니까요. 어린이들은 호기심 때문에라도 절대 술과 담배에 손을 대는 일이 없어야 합니다.

생활안전

17
코피가 날 때, 고개를 들까요 숙일까요?

코피가 났을 때 피가 흐르는 것을 막기 위해 콧등을 쥐고 고개를 뒤로 젖히는 사람들이 많아요. 그런데 이것은 잘못된 행동이에요. 어린 아이의 경우 피가 목으로 넘어가면 기도가 막힐 수 있기 때문에 매우 위험해요.

코피가 났을 때는 고개를 앞으로 약간 숙여 코피가 목 뒤로 넘어가지 않도록 하고, 양쪽 콧등을 엄지와 검지손가락을 이용해 5분 정도 눌러주어 피가 멈추게 해요. 코피가 멈춘 후에는 심하게 뛰지 않고 안정을 취하는 것이 좋아요. 또한 코를 만지거나 코를 풀면 안 돼요. 다시 코피가 날 수 있기 때문이죠.

만일 지혈을 하는데도 10분이 넘도록 코피가 멈추지 않는다면 병원에 가서 검진을 받도록 해요. 단순한 출혈이 아닌 다른 원인이 있을 수도 있거든요.

18
귓속에 벌레가 들어갔어요.

여름은 벌레들이 가장 활발한 계절이에요. 먹을 것이 풍부하고 기온이 따뜻해서 벌레들이 살기에 적합하거든요. 벌레들이 많아지면 벌레에 물리는 것은 다반사이고, 예상치도 못한 순간 입속으로 벌레가 들어가기도 해요.

가장 위험한 것은 귓속으로 들어간 벌레예요. 벌레가 귀로 들어가면 당황하지 말고 **손전등을 귀에 비춰 벌레가 불빛을 따라 밖으로 나올 수 있게 하세요.** 만약 벌레가 귓속에서 죽었다면 베이비오일을 1~2방울 떨어뜨리고 귀를 아래쪽으로 기울여 벌레가 미끄러져 나오게 합니다.

벌레를 귀에서 꺼낼 수 없으면 병원으로 가서 적절한 치료를 받는 것이 안전하답니다.

19
응급 상황에 대비한 상비품

사고는 언제든 일어날 수 있어요. 갑자기 일어난 사고에 대비하기 위해 가정에서는 응급상자를 항상 준비해 둬요. 응급상자에 꼭 있어야 하는 가장 기본적인 물품으로는 반창고, 거즈, 붕대, 테이프, 멸균 소독액, 외상 살균 소독 연고예요.

작은 찰과상은 응급상자의 물품으로 치료가 가능해요. 큰 상처일 경우에는 간단한 응급처치만 하고 병원에 가서 치료를 받는 것이 좋아요.

특히 지혈이 되지 않는 출혈 상태, 뼈가 다쳐 움직일 수 없는 상황, 심한 화상 등 응급처치가 어려운 상황에서는 119에 도움을 요청하는 것이 가장 빠르고 안전한 대책입니다.

20
불이 났을 때, 엘리베이터 금지!

화재가 났을 때는 빨리 건물 밖으로 대피하는 것이 중요하죠. 만약 건물의 높은 층에 있는데 불이 났다면 어떡해야 할까요?

이런 상황에서는 마음이 다급해서 빨리 내려가려고 엘리베이터를 타기가 쉬어요. 그렇지만 화재가 났을 때는 **전기가 끊겨 기계가 멎을 수 있기 때문에 엘리베이터를 타는 것은 매우 위험해요.**

엘리베이터를 타고 있는 상황이라면 가장 가까운 층에 내려서 계단을 이용해 대피해야 합니다.

21
엘리베이터가 고장나서 갇혀 버렸어요.

엘리베이터를 탔는데 갑자기 멈추었어요. 멈춘 엘리베이터에 혼자 있게 되면 매우 당황하게 될 거예요. 그러나 당황해서 가만히 있으면 고장난 엘리베이터에서 빠져나올 수가 없어요.

엘리베이터에는 위급한 상황을 위한 비상버튼이 있으니 비상버튼을 찾아서 누르고 도움을 요청해요. 또 휴대폰을 지니고 있다면 가족에게 전화하거나 119에 긴급구조요청을 하는 것도 좋은 방법이에요.

고장난 엘리베이터 안에서는 일어서 있는 것보다는 가장자리에 기대어 앉아있는 것이 좋아요. 기계 이상으로 갑자기 추락하는 사고가 발생할 수 있기 때문이죠. 단, 엘리베이터 문은 튼튼해 보이지만 버티는 힘이 없어서 위험하므로 기대지 않도록 합니다.

22
급할 땐 에스컬레이터에서 뛰어가기?

에스컬레이터는 가만히 있기만 하면 올라가고 내려가기 때문에 힘들지도 않고 매우 편리해요. 그러나 안전을 위해서 속도가 빠르지는 않아요. 계단이 빠르게 움직이면 매우 위험하기 때문이죠.

　그런데 서서 이용하는 에스컬레이터에서 걷거나 뛰는 사람들이 있어요. 움직이는 계단인 에스컬레이터에서 걷거나 뛰면 넘어지기 쉬워요. 만약 누군가가 에스컬레이터에서 뛰다가 넘어지면 같이 타고 있던 다른 사람들까지도 크게 다치고 말아요.

　에스컬레이터를 서서 이용하는 것과 뛰어서 타는 것의 이용 시간 차이는 1분도 채 되지 않아요. 1분 빠르게 가기 위해 안전을 무시하는 위험한 행동은 하지 않도록 해요.

23
에스컬레이터 역방향 이용은 절대금지

에스컬레이터를 이용할 때 노란 안전선을 지키지 않거나 손잡이를 잡지 않는다거나 또는 역주행을 하며 장난을 치는 어린이들이 있어요. 역주행은 반대 반향으로 달리는 것을 뜻해요.

에스컬레이터의 내려가는 계단을 반대로 올라가거나 올라가는 계단을 반대로 내려가는 행동은 큰 사고로 이어질 수 있어요. 에스컬레이터의 속도를 따라잡기 위해 무리하게 뛰다가 넘어진다면 구르거나 기계 틈에 끼이는 사고가 일어날 수 있어요.

뿐만 아니라 혼자 이용하는 것이 아니므로 여러 사람이 동반 사고를 당할 수도 있고요. 실제로 에스컬레이터에서 굴러 떨어져 사망하는 사고가 많이 있답니다. 내려가는 에스컬레이터에 탔다가 생각이 바뀌어 다시 올라오려고 역주행하는 경우도 있어요. 이런 때에는 귀찮더라도 아래까지 내려갔다가 다시 올라오도록 해요.

24
에스컬레이터 안전수칙

편리한 에스컬레이터는 어떻게 이용하는 것이 안전할까요? 에스컬레이터에 타기 전에는 신발 끈이 잘 묶여 있는지, 바지가 끌리지는 않는지 등을 확인하고 발밑을 잘 보고 계단에 올라서요. 신발 끈이나 옷자락이 에스컬레이터 틈새에 끼이면 자칫 큰 사고로 이어지고 크게 다칠 수 있거든요. 간혹 어린이들의 작은 손이 틈새로 끼이는 사고가 일어나기도 해요.

만약 신발 끈이 틈새에 끼여서 말려 들어가면 끈을 빼내려고 하지 말고 신발을 벗고 피한 후에 직원이나 주변의 어른들에게 도움을 요청해요. 또한 에스컬레이터는 서서 타는 것이지 걷거나 뛰어서 이용하는 것이 아니에요. **반드시 손잡이를 잡고 바르게 서서 이용하세요.** 에스컬레이터는 크고 작은 사고가 발생하기 쉽기 때문에 항상 주의해야 한답니다.

25
인터넷 중독 예방하기

요즘 들어 인터넷은 우리 일상생활에서 뗄 수 없는 도구가 되었어요. 인터넷 사용시간은 사람마다 천차만별이지만 최근 인터넷 중독이 큰 문제가 되고 있어요. 인터넷 중독은 어른만이 아니라 어린이에게도 해당돼요.

인터넷에 중독되지 않기 위해서는 컴퓨터 사용 시간을 정해두는 것이 좋아요. '하루에 한 시간', '일주일에 3번' 이와 같은 형태로 구체적으로 규칙을 정하는 것이에요. 또한 숙제나 학습이 아닌 놀이를 위한 컴퓨터 사용은 자제하도록 해요.

컴퓨터는 혼자 사용하는 방에 두는 것보다 온 가족이 함께 있는 거실과 같은 장소에 놓는 것이 인터넷 중독을 막는 데 더욱 효과적이랍니다. 인터넷은 어떻게 이용하는가에 따라서 생활에 편리한 첨단도구가 되기도 하고 무시무시한 무기를 들고 덤비는 괴물 같은 해로운 도구가 되기도 한다는 걸 명심하도록 해요.

어른들께 인터넷 사용의 이로움과 해로움에 관한 실제 사례들을 들어 보는 것도 간접적인 체험이 될 수 있어요.

26
베란다 난간 접근 금지!

여름철이 되면 날씨가 더워져 베란다 창문을 열어두는 경우가 많아요. 베란다 난간에 매달리면 바깥이 다 보이고 바람이 불면 너무 시원해요. 하지만 **베란다는 어린 아이들에겐 특히 위험한 공간입니다.**

어린이들이 베란다에서 놀다가 난간에 매달리면 쉽게 난간 밖으로 떨어지게 돼요. 어린이들은 신체가 다 성장하지 않아서 특성상 머리가 무겁기 때문에 쉽게 균형을 잃을 수가 있어요.

날씨가 더워지는 5~8월에 4~5세 어린이의 추락사고가 가장 많이 일어난다고 해요. 안전장치가 있다고 하더라도 어린이들은 창문이 열린 베란다 근처에서는 놀지 않도록 해요.

27
선풍기 안전사고 예방

여름에 선풍기가 없다면 더위를 이기기가 힘들 거예요. 물론 에어컨도 많이 사용되지만 선풍기는 전력소비도 낮고 에어컨에 비해 가격이 싸기 때문에 여름철 필수품이에요. 그런데 자주 사용하기 때문인지 사고도 많이 일어나고 있어요.

가장 큰 비율을 차지하는 것은 손가락 끼임 사고로 전체 사고의 60%나 된다고 해요. 돌아가고 있는 선풍기 덮개 사이로 손가락을 넣거나 장난을 치다가 손가락을 베이거나 부러지는 사고가 일어나지요.

또한 선풍기에서 화재가 발생하는 사고도 18%나 돼요. 선풍기를 하루 종일 틀어놓아서 과열로 불이 나기도 하고, 오래된 선풍기에서 접촉 불량 등의 이유로 불이 나기도 하지요. 오래된 선풍기는 반드시 안전한지 확인하고 사용해야 한답니다.

또, 환기가 되지 않는 실내에서 오래도록 선풍기를 틀어 놓으면 자칫 질식사고가 일어날 수도 있어요. 그래서 선풍기를 틀어 놓고 잠드는 것은 위험하답니다.

28
침대에서 뛰어놀지 않기

침대나 안락의자에서 콩콩 제자리뛰기를 하면 몸이 높이 튕겨져 올라가요. 마치 놀이기구를 타는 것 같지요. 그러나 침대나 안락의자는 놀이기구가 아니에요. 어린이들이 다칠 위험이 매우 커요. 만약 높이 뛰어올랐다가 균형을 잃게 되면 넘어지면서 침대 모서리에 부딪치거나 다른 가구에 부딪쳐서 다치게 되죠.

뿐만 아니라 집 안에서 뛰게 되면 아래층에 쿵쾅거리는 소리가 나서 다른 사람에게 피해를 주게 돼요. 층간 소음으로 이웃간에 심한 다툼이 생기기도 한답니다. 침대나 푹신한 가구에서 뛰는 행동은 하지 않도록 해요.

29
전선을 잡아당기면 안 돼요.

집에는 전기용품이 많이 있어요. 전기용품은 플러그를 콘센트에 꽂아서 사용하지요. 누구나 플러그를 꽂거나 뽑아 본 적이 있을 거예요. 플러그를 꽂거나 뽑을 때도 주의사항이 있어요.

플러그를 꽂을 때는 콘센트에 완전히 접속하게 꽂아야 해요. 접촉이 제대로 되지 않으면 과열이 되어 화재가 발생할 수 있거든요. 또한 플러그를 뽑을 때는 반드시 플러그 부분을 잡고 뽑아야 해요. 간혹 전선을 잡아당겨 뽑는 친구들이 있는데, 그러면 전선이 끊어지거나 합선이 될 수 있어요. 감전사고는 물론 화재사고로도 이어질 수 있으니 어린이 여러분이 직접 만지는 일은 되도록 삼가야 하고 직접 만지게 된다면 항상 조심할 것을 명심하세요.

30
전기 안전 사용법

전기사고는 화재로 이어지기 때문에 매우 조심해야 해요. 전기 플러그는 젖은 손으로 절대 만지면 안 돼요. 젖은 손이 전기와 닿으면 감전될 위험이 있어요.

또한 문어발 배선도 매우 위험해요. 여러 개의 플러그를 꽂도록 만들어진 콘센트라도 되도록 한꺼번에 많은 플러그를 꽂아 사용하지 않도록 해요. 그리고 콘센트 주변에 불붙기 쉬운 물건들이나 쏟아지기 쉬운 물건들은 두지 않도록 합니다.

구석에 놓인 콘센트라면 손이 잘 닿지 않아 청소하기도 쉽지 않을 텐데 콘센트에 먼지가 많이 쌓이면 먼지만으로도 정전기가 발생해 큰 화재사고로 이어질 수도 있으니 평소에 위험 요소가 있지 않은지 점검하는 것을 습관화 하는 게 좋답니다.

31
산에서는 혼자 다니지 않아요.

부모님과 함께 등산을 가 본 적이 있나요? 산에 오를 때는 여러 가지 주의사항이 있지만, 어린이들에게 가장 중요한 한 가지는 혼자 다니지 않는 것이에요.

　등산을 할 때는 반드시 어른들과 함께 다녀야 해요. 전혀 예상치 못한 일들이 빈번히 일어나는 곳이 산이기 때문이에요. 다른 곳에 정신이 팔려서 앞에 가던 어른을 놓치거나 다른 길로 들어서는 일이 생기지 않도록 조심해요.

　어린이들이 등산을 할 때는 앞에서 가는 어른과, 뒤에서 지켜봐 주는 어른이 함께인 것이 좋아요. 등산을 할 때 함께 간 일행과 떨어지지 않도록 주의하는 것, 잊지 마세요!

32
산에서 길을 잃었을 때

산을 오를 때 길을 제대로 보면서 가지 않으면 등산로가 아닌 길로 잘못 들어선다거나 같이 가던 일행을 놓치는 일이 생길 수 있어요. 이럴 때는 반드시 왔던 길로 되돌아가야 해요. '가다 보면 길이 나오겠지' 라는 생각으로 무작정 가기 쉬워요.

산은 나무에 둘러싸인 곳이어서 길을 찾기가 어려울 뿐만 아니라 시간이 지체될수록 지치고 탈진할 위험이 생겨요. 만일 왔던 길이 기억나지 않는다면 산 아래가 내려다보이는 곳에서 산길을 살펴보는 방법이 있어요. 바위나 나무에 길 표시를 해둔 것이 보인다면 그 길을 따라가는 것도 방법이에요.

또, 계곡을 따라 내려가면 산 아래로 향하는 방향이에요. 하지만 계곡물은 위험할 수 있으니 흘러내려가는 방향을 확인하며 물가에서는 조금 떨어져 가도록 하세요.

※**산행을 할 때는 소요되는 시간을 미리 계산하여** 출발시간과 도착시간을 예정하고 적당한 시간 안배를 하여 시간에 속박해서 내려오는 일이 없도록 조심해야 합니다.

33
산행의 기본 복장 점검

등산을 할 때는 옷차림도 매우 중요해요. 등산복은 방수가 잘 되는 것으로 긴팔 셔츠와 긴바지를 입어요. 산에는 나무와 돌이 많기 때문에 살이 스쳐 다치거나 미끄러져 넘어질 수 있거든요. 등산복은 몸을 보호하는 장비의 역할을 한답니다.

또한 등에 매는 작은 등산용 가방을 준비해요. 가방 속에는 비상식량과 비상물품, 물통 등을 넣어요. 비상식량으로는 초콜릿처럼 열량이 높은 식품이 좋답니다.

비상물품으로는 전등, 나침반, 지도, 구급약품 등을 준비할 수 있어요. 가까운 동네 뒷산에 산책삼아 다녀오는 게 아니라면 기본적인 복장이나 준비물 등은 꼭 챙기도록 하세요.

34
나만 따라오는 벌이 제일 무서워

벌에는 독침이 있다는 거 알고 있죠? 어린이들은 면역력이 약하기 때문에 벌에 쏘이면 매우 위험해요.

벌이 가까이 오면 무섭다고 도망치거나 팔을 저어 쫓으려고 하면 안 돼요. 가만히 서서 벌이 날아가기를 기다리거나 조금씩 몸을 움직여 피하는 것이 좋아요. 팔을 휘저으면 벌은 자신을 공격한다고 생각하고 공격하거든요.

만약 벌집을 잘못 건드려 벌떼가 쫓아온다면 도망치지 말고 주저앉거나 바닥에 엎드려 벌떼를 따돌리는 방법이 좋아요. 물가 주변이라면 물속으로 피하는 것도 방법이 될 수 있어요. 그러나 물속으로 뛰어들 때는 물의 깊이가 어느 정도 되는지 확인해야만 익사의 위험을 막을 수 있으니 주의하도록 해요.

35
응급의료 정보센터를 아세요?

응급의료 정보센터 번호는 1339였다가 현재는 119와 통합되어 사용하고 있답니다. 응급상황이 발생했을 때 **응급처치 지도와 질병 상담 및 병원안내를 도와줘요.**

응급의료정보센터에서는 환자의 상태에 맞는 의료기관을 연결해 주기 때문에 응급실을 원활하게 이용할 수 있어요. 또한 연휴기간에 몸이 아프거나 다치면 휴진인 병원이나 휴무인 약국이 많아서 매우 곤란하죠. 이럴 때 응급의료 정보센터에 확인하면 당직 병, 의원과 당번약국을 안내 받을 수 있답니다. 응급한 상황이 발생하여 당황하거나 곤란할 때 도움을 받도록 해요.

※**서울에는 민원상담전화 129**(다산콜센터)가 운영되고 있습니다. 평소에 긴급전화 목록을 만들어 쉽게 찾을 수 있는 곳에 붙여두면 응급상황 시 편리하게 사용할 수 있답니다.

36
"불이야!"

불이 났거나 불이 난 것을 발견했을 때는 가장 먼저 '불이야' 라고 크게 소리를 질러서 불이 난 것을 다른 사람에게 알려요. 그 다음 소방서에 화재신고를 해야 해요.

화재신고 번호는 '119'라는 것 모두 알고 있죠?

신고를 할 때는 침착하게 자신의 이름을 밝히고, 화재 발생 장소, 위치, 현재 상황 등을 설명해야 해요. 먼저 전화를 끊지 말고 소방서에서 상황을 모두 확인한 후에 전화를 끊도록 해요.

정말 위급한 상황에 있는 사람들이 도움을 받을 수 있도록, 여러분 모두를 위해 수고를 아끼지 않는 소방서나 경찰서에 평소 장난전화를 하는 건 절대 안 돼요.

※이렇게 말해요!
1) 저는 ○○○이라고 해요.
2) 여기는 ○○구 ○○동 ○○아파트 ○○동 ○○호예요.
3) ○○한 사고가 났어요.

37
119 전화는 만능 슈퍼맨

119에 전화를 걸면 전화번호로 주소와 위치를 파악할 수 있어요. 휴대전화도 위치추적이 가능해요. 만일 사고를 당해서 119에 전화를 했다면 사고 난 위치가 불확실한 경우에도 구조가 가능하지요.

　그러나 전화를 걸고 상황을 설명하지 않으면 장난전화로 오인하기 쉽답니다. 구조 요청을 위해 119에 전화한 거라면 되도록 침착하게 어떤 사고 상황인지 설명하도록 합니다.

38
내 옷에 불이 붙었어요!

몸에 불이 붙었을 때 뛰거나 몸을 흔들면 불이 더 번집니다. 이때는 바닥에 엎드려서 두 손으로 얼굴을 가리고 데굴데굴 구르는 동작을 반복하면 불을 끌 수 있어요. 수건이나 담요를 덮어 불꽃에 닿는 산소를 차단해 불을 끌 수도 있답니다.

직접적인 불꽃이 몸에 붙어 화상의 위험이 있는 것은 물론, 불이 났을 때 발생하는 연기에는 인체에 매우 해로운 가스가 포함되어 있기 때문에 화재 현장에서 마시는 유해한 가스 때문에 보이지 않는 식도나 폐에 치명적인 손상을 입을 수 있어요. 그러므로 화재현장에 갇혀 있거나 대피할 때는 직접 유해가스를 흡입하지 않도록 눈, 코, 입을 젖은 수건으로 가리는 것이 중요해요.

39
소화기 사용법

소화기는 아이 어른 할 것 없이 누구나 사용할 수 있도록 사용법을 익혀 두는 것이 중요합니다. 위급한 상황에 소화기가 있어도 사용법을 모른다면 무용지물이 되겠지요. 학교에서도 견학이나 실습을 통해서 익힐 수 있지만 **본인이 사용할 수 있는지를 스스로 확인해 볼 필요가 있습니다.**

　실제 소화기의 안전핀이나 호스를 눈으로 확인해 보며 사용하는 것처럼 순서를 알아보아요.

　1. 소화기를 들어요.
　2. 안전핀을 뽑아요.
　3. 호스를 불길 쪽으로 향하게 하고 손잡이를 힘껏 쥐어요.
　4. 불길을 향해 소화기 약제를 뿌려요.

40
누가 나 좀 꺼내 주세요!

불이 났는데 밖으로 미처 빠져나가지 못했을 때는 무리하게 불길 속을 헤매기보다는 불길을 피해서 구조 요청을 시도해요.

불이 났을 때 나는 연기에는 몸에 해로운 성분이 많아서 어린이들이 직접 들이마신다면 질식할 위험이 있어요. 연기는 위쪽에서 아래로 내려오므로 연기를 피하기 위해서는 몸을 최대한 낮추는 것이 좋아요. 아래쪽이 연기가 더 적거든요. 또한 천이나 옷 등에 물을 묻혀 입과 코를 막아 독성이 있는 연기를 직접 들이마시지 않도록 합니다.

주변에 담요나 두꺼운 천이 있다면 몸을 감싸도록 해요. 화상을 입을 수 있기 때문이에요. 그리고 자신이 안에 갇혀 있다는 것을 알려야 해요. 불길과 연기가 없는 창문을 통해 수건이나 옷을 벗어 흔들며 소리를 지르거나 물건을 내던져 갇혀 있다는 것을 최대한 알려야 해요. 불길이 무섭더라도 함부로 창밖으로 뛰어내리는 것은 매우 위험하답니다.

41
불덩이로 변해버린 문손잡이

방안에 있는데 불이 나면 문을 열고 빠져나가야 하겠죠? 그런데 이때 주의할 것이 있어요. 불길이 있는 상태에서 문을 연다면 불길이 밀려들어와 화상을 입을 수 있어요. **불길이 있는지는 손잡이를 만져보면 알 수 있어요.** 손잡이가 차가우면 문을 열고 나가도 괜찮아요. 불길이 있다면 뜨거울 테니 손잡이를 확인할 때 화상을 입지 않도록 조심하는 것도 중요하답니다.
　무엇보다 중요한 건, 어린이 여러분은 언제나 미리미리 불조심 해야 한다는 걸 잊지 마세요.

　※**손잡이가 뜨거워진 정도라면** 문밖의 불길이 아주 세서 위험한 상황이라는 뜻이에요. 이때 문을 열면 불꽃의 화학작용으로 인해 마치 폭탄 터지듯이 불길이 순식간에 실내 전체로 번질 수 있는 긴박한 상황입니다.

42
내 친구는 휴대폰 중독자

휴대폰을 사용하기 시작하는 연령대가 점점 더 낮아지고 있어요. 취학 전의 어린 아이들은 휴대폰을 가지고 있지 않더라도 부모나 형제의 휴대폰으로 게임이나 사진 찍기 등을 하며 놀이 도구처럼 사용해요.

휴대폰은 더 이상 통신만을 위한 도구가 아니에요. 휴대폰으로 전화와 문자는 물론 게임, 사진 촬영, 인터넷 등 다양한 것들을 할 수 있어요. 이렇듯 휴대폰의 활용이 커지면서 휴대폰은 우리 생활에 없어서는 안 될 중요한 일부가 되었어요.

휴대폰에 의지하는 사람들이 많아지면서 휴대폰이 없으면 불안한 증세를 보이는 휴대폰 중독이란 것도 생겼어요. 휴대폰 중독이 심할 경우 우울증, 불안, 수면장애, 금단현상이 발생할 수 있대요.

휴대폰 중독은 모든 연령대에서 나타나고 있어요. 휴대폰 중독이 되지 않도록 스스로 휴대폰 사용을 자제하는 노력을 하도록 해요.

43
인터넷에 중독되었다는 걸 어떻게 알아요?

하루라도 인터넷을 하지 않으면 마음이 불안하고 초조하다면 인터넷 중독을 의심해 봐야 해요. 현재 초등학생과 중학생 대부분이 인터넷 중독 위험 범주에 속한다고 합니다.

　인터넷 중독인 친구들 중에서는 게임 중독인 경우가 많아요. 온라인 게임은 종류가 다양하고 흥미진진하기 때문에 어린이들은 물론 어른들까지도 쉽게 빠질 수가 있지요.

　인터넷 중독 또는 게임 중독인 친구들은 하루에 1~2시간으로 인터넷 사용 시간을 정해 놓고 정해진 시간에만 인터넷을 사용하면서 인터넷 사용 시간을 줄이도록 노력해야 해요.

　인터넷 게임 중독에 빠져서 일상생활도 제대로 유지할 수 없고 심지어 사망에 이르는 사건이 있기도 했어요. 정신적, 육체적으로 나쁜 영향을 끼칠 수 있다는 것을 항상 명심하도록 해요.

44
게임을 안 하고는 못 살아!

게임중독은 매일 게임을 하고 게임을 하지 못하면 화가 나고 짜증이 나거나 몹시 불안해지는 상태를 말해요. 게임에 과도한 집착을 하는 것 또한 게임 중독의 증상이에요.

인터넷 중독자 중에서 게임 중독자의 비율이 가장 높아요. 게임 중독이 심각해지면 게임과 현실을 구분하지 못하는 증상을 보이기도 한대요.

어린이들은 게임의 횟수를 일주일에 1~2회 정도로 제한하는 것이 좋아요. 한 번 할 때는 1시간을 넘지 않도록 해요.

한국 정보화진흥원 인터넷중독대응센터
http://www.iapc.or.kr/
인터넷 중독 예방 상담센터 아이윌 센터
http://www.iwill.or.kr

45
연필 때문에 큰일 났어요.

공부할 때 사용하는 연필도 무기가 될 수 있다는 사실 알고 있나요?

연필은 길고 끝이 뾰족하기 때문에 연필을 휘두른다거나 장난치다가 뜻하지 않게 다치게 되는 경우도 있지요.

물론 연필뿐만 아니라 필기도구나 다른 어떤 도구든지 자칫 무기처럼 사용될 수 있다는 것을 알고 지나친 장난은 하지 않도록 해요. 조심하는 것이 가장 좋은 예방책이랍니다.

46
학교 계단에서 굴렀어요.

학교에는 계단이 많이 있어요. 계단을 오르내릴 때는 손잡이를 잡고 이용하는 것이 안전해요.

계단에서는 뛰거나 장난치지 않도록 해요. 계단에서 뛰다가 넘어지면 다리가 부러지거나 찰과상을 입는 사고를 당할 수 있어요. 만약 계단 모서리에 머리를 부딪친다면 목숨을 잃을 수도 있어요.

간혹 계단 손잡이를 미끄럼처럼 타고 내려가는 장난을 치는 친구들이 있는데 그러다 자칫 조금만 균형을 잃어도 넘어져서 계단에 부딪치거나 구르는 사고를 당하게 돼요. 이런 장난은 절대 치면 안 되겠죠?

47
번개가 치면 천둥이 따라와요.

벼락이 치는 것을 본 적이 있나요?

사람이 벼락을 맞게 되면 목숨을 잃을 수도 있어요. 집 밖에 있을 때 가까운 곳에서 벼락이 친다면 나무나 전신주 밑 같은 곳에서는 멀리 떨어지도록 해요. 키 큰 나무와 고압전류가 흐르는 전선과 전신주에 벼락이 떨어지기 쉽기 때문에요.

또 금속은 벼락에 맞기 쉬우므로 몸에 지니고 있지 않도록 하고 빨리 건물 안으로 피하는 것이 좋아요. 피할 건물이 없다면 몸을 굽히고 바닥에 엎드리는 것이 안전하답니다.

48
비오는 날에는 밝은 색 우산을 써요.

비가 오면 날이 흐리고 어둡죠? 이런 날 어두운 색 우산을 쓰고 다니면 눈에 잘 띄지 않아요. 특히 차가 다니는 곳에서는 더 위험할 수 있어요. 운전자들이 어두운 날씨 때문에 보행자를 제대로 확인하지 못하기 때문이죠. 밝은 옷을 입고 밝은 색 우산을 쓴다면 운전자가 보행자를 보지 못할 위험이 훨씬 줄어들 거예요.

어린의 옷 색깔이 움직이는 신호등과 같은 역할을 하므로 비가 오거나 날씨가 흐린 날에는 되도록 밝은 색 우산을 쓰거나 밝은 색 옷을 입도록 해요.

49
윽, 똥은 싫어!

애완동물의 배설물에는 세균이나 인체에 치명적인 기생충이 들어있어요. 그 중 특히 개회충은 면역력이 약한 어린이들에게 더욱 위험해요. 실제로 5살 난 어린이가 개회충에 감염되어 시력을 잃는 사고가 발생하기도 했어요.

개회충은 개나 고양이의 배설물을 만져서 감염되는 것이지만 배설물이 털에 묻기도 하기 때문에 털을 쓰다듬는 것만으로도 감염이 될 수 있답니다.

또 개나 고양이 같은 애완동물이 산책을 나와서 길이나 놀이터 등에 배설을 하는 경우가 많으므로 놀이터에서 모래놀이를 했다거나 외출한 후라면 손을 깨끗이 씻기 전에는 절대 눈을 비빈다거나 얼굴을 만지지 않도록 해요.

평소에도 놀이 후, 외출에서 돌아왔을 땐 바로 깨끗이 손을 씻는 습관을 들이고 항상 실천하도록 해요.

50
함께 사는 동물인데 뽀뽀하면 안 돼요?

애완동물과 뽀뽀를 하거나 뺨을 부비는 행동은 하지 않는 것이 좋아요. 집안에서 키우는 애완동물이라 하더라도 갖가지 질병으로부터 완전히 안전한 것은 아니에요. 사람들과 마찬가지로 개나 고양이들도 피부질환이나 기생충 감염 등 눈에 안 보이는 여러 질환을 겪고 있는 경우가 많아요.

어린이는 면역력이 약해서 직·간접적으로 애완동물의 질병이 쉽게 옮을 수 있기 때문에 더욱 위험해요. 그러므로 집 안에서 기우는 애완동물들은 특별히 더 청결에 신경을 써야 합니다.

51
개에게 물리면 주사 맞아야 돼요?

광견병 바이러스에 걸린 개는 침 속에 광견병 바이러스가 있어요. 광견병 바이러스는 쉽게 감염되기 때문에 집에서 기르는 개도 광견병 바이러스를 가지고 있을 수 있답니다.

개나 고양이에게 물렸을 때는 즉시 비누로 닦고 흐르는 물에 상처를 씻어요. 만일 물었던 개나 고양이가 광견병에 걸렸는지 의심된다면 병원에서 진찰 받아 보도록 해요. 물론 미리 광견병 예방주사를 맞는 것이 좋겠지요.

만약 들개나 들고양이에게 물렸다면 반드시 병원에 가서 의사의 진찰을 받아요. 광견병은 합병증으로 이어져 목숨을 잃게 되는 아주 무서운 병이랍니다.

52
애완동물을 동물원에 데려가고 싶어요.

동물원에는 애완동물을 데려갈 수 없어요.

첫 번째 이유는 전염병 감염의 위험이 있기 때문이에요. 생활환경이 다른 동물원의 동물들과 애완동물이 접촉하면 전염병에 감염될 수 있어요. 두 번째로는 동물원의 동물들도 스트레스를 받거나 공포감을 줄 수 있기 때문이에요. 애완동물과 동물원의 야생동물들은 서로 본 적이 없기 때문에 처음 보면 서로 경계심을 갖게 돼요. 이때 크게 짖거나 위협감을 주면서 자신을 보호하려는 행동을 하게 되는데 이런 과정에서 동물들이 스트레스를 받게 되고 사고가 발생할 수 있어요.

동물원에 갈 때는 동물들의 안전과 건강을 위해서 애완동물을 데려가지 않도록 해요.

53
동물원 동물들도 과자를 좋아할 거야.

동물원에 있는 동물들은 대부분 야생동물이에요. 그중에는 국제적 보호를 받는 멸종 위기의 동물들도 많이 있어요. 이 동물들은 사람이 먹는 과자나 인스턴트식품을 잘 소화하지 못한대요. 그래서 관람객이 준 과자나 음식들을 받아먹게 되면 대부분 설사나 위장질환을 일으키고 말아요.

　동물원의 동물들은 야생동물의 특징을 고려하여 만들어진 사료나 본래 잘 먹는 먹이를 먹는 것이 가장 안전하답니다. 동물들이 아프지 않고 건강하게 잘 살 수 있도록 과자나 음식을 함부로 주지 않도록 해요.

54
동물원에서 이것만은 지키자.

동물 우리에 가서 동물들에게 돌을 던지거나 소리를 질러 동물들을 위협하는 행동을 하는 사람들이 간혹 있어요. 동물 우리를 시끄럽게 두드리기도 하고요. 이런 행동들은 동물들에게 큰 스트레스를 주게 돼요.

　야생에 살았던 동물들은 야생의 습성이 남아 있기 때문에 스트레스를 받거나 자극을 받으면 포악한 행동을 할 수 있어요. 동물들이 화가 나 있을 때 우리 가까이에 붙어 있다면 갑자기 동물이 달려들고 공격하여 다칠 수가 있답니다.

　또한 동물들이 스트레스를 많이 받으면 병이 나기도 해요. 동물원에 가서는 동물들을 해친다거나 스트레스를 주는 행동은 하지 않도록 해요.

55
혼자 있는데 택배가 왔어요.

어린이 혼자 집에 있는데 택배가 오면 어떻게 할까요? 문을 열어 줘야 하지만 혹시 택배가 아닌 나쁜 사람일까 봐 무섭기도 해요. 어린이가 집에 혼자 있을 때는 함부로 문을 열지 않는 것이 안전해요.

모르는 사람일 경우에는 절대 문을 열지 않아요. 택배기사라도 문을 열지 말고 문 앞에 두고 가시라고 말해요. 안전 고리를 걸었다고 안심하고 문을 열지 않도록 해요. 벨이 울려도 대답하지 않고 아무도 없는 척을 하는 것도 한 방법이에요. 택배기사는 집에 사람이 없으면 다음에 다시 오거나 아파트일 경우 경비실에 맡길 수 있거든요. 어린이가 무리해서 물건을 받지 않아도 괜찮답니다.

56
뜨거운 햇볕은 위험해요.

한여름의 뜨거운 햇볕을 오래 받으면 '일광화상'을 입게 돼요. 휴가철 바닷가의 뜨거운 백사장에서 일광화상을 입는 경우가 빈번하지요. 화상을 입으면 피부가 화끈거려요. 이때는 제일 먼저 냉수로 피부를 진정시키는 것이 중요해요. 하루에 서너 번 20분씩 냉찜질을 해 주거나 찬물로 샤워를 하는 것이 좋아요. 비누나 샴푸는 피부에 자극을 주므로 피하는 것이 좋답니다.

일광화상을 입지 않으려면 햇볕이 강렬한 오전 11시~오후 3시 사이에는 외출을 삼가고 외출을 할 때는 긴 옷이나 모자로 햇볕을 가리도록 해요. 자외선 차단제를 바르는 것도 도움이 되지요.

자외선 차단제는 외출하기 30분에서 1시간 전에 바르도록 하고 노출 시간이 길어지면 자주 덧발라 주어야 한답니다.

57
회전문에 끼임 사고

주로 대형 고층건물에 있는 회전문은 안과 밖의 공기가 자유롭게 이동하는 것을 막아 주어 냉·난방비 절약에 아주 효과적이랍니다. 절약에는 효과적이지만 안전에는 취약한 것이 단점이에요.

많은 어린이들이 회전문에 끼여 다치거나 심한 경우 목숨을 잃는 경우도 있어요. 사고는 주로 회전문과 바깥쪽 유리틀 사이에 어린이의 몸이나 발이 끼여 발생해요.

회전문, 특히 자동회전문에 대한 사고가 빈번히 발생하면서 안전강화에 더욱 신경을 쓰고 있지만, 사고를 막는 가장 확실한 방법은 어린이 스스로 주의하는 것이에요.

어린이들은 회전문을 이용할 때 절대 뛰어 들어가지 않도록 해요. 또한 회전문을 지나가며 장난을 치지 않고 정해진 인원수를 지켜서 이용하는 것이 중요해요.

58
깨진 유리를 엄마 몰래 치우려고요?

실수로 유리컵을 깨뜨리는 바람에 유리 조각이 바닥에 가득하다면 어떡해야 할까요?

실수를 저지르고 나면 가장 먼저 떠오르는 생각이 어른들께 혼이 나면 어쩌나 걱정이 되는 거지요. 그래서 허둥지둥 실수를 감추려고 하죠. 유리 조각을 급하게 치우려고 한다면 날카로운 면에 손을 베이거나 작은 유리조각이 손이나 발에 박힐 수 있어요.

유리가 깨지면 눈에 잘 보이지 않는 작은 조각이 생기기 때문에 아주 위험해요. 이럴 때는 유리 조각들이 있는 곳으로부터 멀리 피하고 절대 건드리지 않아요. 그리고 곧장 부모님이나 어른에게 말씀드려 유리조각을 안전하게 치울 수 있도록 하는 것이 좋답니다.

실수를 감추려고 섣불리 깨진 유리조각을 치우려 하지 말고 솔직하게 말씀드리고 **다른 사고로 이어지지 않도록 하는 것이 가장 좋은 방법이에요.** 어린이들이 다치지 않은 것만으로도 부모님은 다행이라고 생각하신답니다.

59
가스불을 함부로 조작하면 절대 안 돼요.

혼자 집에 있는데 배가 고프면 맛있는 라면을 끓여 먹고 싶어지겠죠? 엄마의 도움 없이 스스로 가스불을 켜고 요리를 해 본 적이 있나요?

어린이 혼자서 가스불을 사용하는 것은 매우 위험해요. 불은 사고로 이어질 위험이 매우 크거든요. 가스밸브가 제대로 잠겨 있지 않으면 가스가 새어 질식사고나 폭발이 일어날 수 있어요. 뿐만 아니라 가스불에 달궈진 그릇이나 뜨겁게 끓은 음식물에 자칫 화상을 입을 수도 있어요. **가스불은 반드시 어른이 지켜보는 가운데 사용해야 한다는 것 명심하세요.**

60
세탁기에 누가 들어갔어요?

드럼세탁기에 들어갔다 질식해 사망하는 사고가 계속해서 발생하고 있어요. 드럼세탁기는 입구가 앞에 있어서 아이들이 호기심에 들어가기 쉬워요.

최근 만들어진 드럼세탁기는 안쪽에서 쉽게 문이 열리도록 되어 있어요. 그러나 2008년 10월 이전에 만들어진 제품은 안쪽에서 문을 못 여는 구조예요. 개선되기 이전의 제품이 아직까지 사용되고 있기 때문에 문제점이 발견되고 고친 후에도 계속 사고가 발생하는 것이에요. 이러한 사고가 계속 일어나는 가장 큰 원인 중 하나는 안전교육의 부족이에요. 안전에 문제가 있는 제품을 보완하는 것과 함께 어린이들의 안전교육도 함께 이루어져야만 사고 발생을 줄일 수 있어요.

가정용품은 편리한 생활용품들이지만 어린이에게는 매우 위험할 수 있어요. 세탁기에 들어갔다가 갇혀 버리면 질식하여 목숨을 잃을 수 있다는 것 꼭 명심하세요.

61
쇼핑카트에 타도 될까요?

마트에 가면 있는 쇼핑카트는 장을 많이 볼 때 매우 편리해요. 여러 가지 물건을 담아가며 쇼핑몰을 돌아다닐 때 쇼핑카트가 없이 다닌다면 힘들고 불편하겠지요. 그런데 장보기 물건들을 담기 전에 어린이들이 쇼핑카트에 타고 있는 모습을 자주 볼 수 있어요.

물건을 싣기 위해 만들어진 쇼핑카트는 **어린이들을 위한 아무런 안전장치가 되어 있지 않기 때문에 크고 작은 사고로 이어질 수도 있어요.** 카트 안에서 일어서 있다가 떨어지거나 사람들과 충돌할 수도 있고 카트 틈에 손이 끼일 수도 있어요. 단, 4세 미만의 어린이는 쇼핑카트를 타는 것이 더 안전해요. 복잡한 마트에서 카트 틈에 끼이거나 사람들에게 부딪혀 다칠 수 있기 때문입니다. 무엇보다 어린이는 물론 보호자의 각별한 주의가 필요하답니다.

62 쇼핑카트 안전수칙

쇼핑카트를 이용하기 위한 안전 수칙을 알아볼까요?

  1. 쇼핑카트 좌석에는 4세 미만이나 몸무게가 15㎏ 이하인 어린이만 탑니다.
  2. 쇼핑카트에 탔을 때는 함부로 일어서지 않습니다.
  3. 쇼핑카트 앞쪽이나 옆쪽을 이용해 오르내리지 않습니다.
  4. 쇼핑카트에 탔을 경우 안전벨트가 있다면 반드시 안전벨트를 매도록 합니다.
  5. 어린이가 타고 있는 쇼핑카트를 어린이가 조작하거나 밀지 않도록 합니다.

교통안전

63
어딜 가든 우측통행

우리나라에서는 좌측통행이 더 일반적이었어요. 대표적으로 지하철 에스컬레이터가 좌측통행에 맞게 되어 있었죠. 그런데 얼마 전부터 지하철에서 우측통행을 권고하고 우측통행을 실시하게 되었어요.

우측통행이 안전하다고 보는 이유는 여러 가지가 있어요. 첫 번째 이유는 인간의 신체 특성을 들 수 있어요. 인간의 90% 이상이 오른손잡이로 우측의 사용이 편리하다고 해요. 두 번째로 **우측통행을 하면 보도를 걸을 때 차와 마주보고 걷는 형태가 되어서 교통사고를 예방하는 효과가 있어요**. 횡단보도를 건널 때도 우측통행을 하면 차와의 안전거리가 확보되어서 더 안전하죠. 마지막으로 우측통행이 국제관행이라는 점이에요. 영국과 일본이 좌측통행을 하고 있지만 영국과 일본의 차는 운적석이 우리와 반대이고 운전 방향도 반대이기 때문에 좌측통행을 하는 것이 맞겠지요. 이젠 더욱 적극적으로 우측통행을 실천하도록 해요.

64
찻길을 건널 때 왜 손을 들어야 하나요?

횡단보도를 건널 때나 차도를 건널 때는 항상 손을 들고 건너야 한다고 배웠습니다. 손을 드는 것에는 어떤 의미가 있는지 알고 있나요?

키가 작은 어린이들이 **"건너가고 있어요."라고 운전자에게 신호를 보내는 거예요.** 운전자에게는 작은 키의 어린이들이 안 보일 수 있거든요.

손을 번쩍 들어 신호를 보내면서 되도록 운전자와 시선을 마주치는 것이 더 안전할 수 있답니다.

65
신호등이 없어서 길을 건너기가 무서워요.

신호등이 없는 횡단보도는 매우 위험해요. 신호등이 의도적으로 차를 멈추고 달리게 하는 것과는 달리 운전자들이 마음먹은 대로 안전상식으로 서행하기도 하고 쏜살같이 달리기도 하거든요.

어린이는 물론 어른들도 신호등이 없는 횡단보도를 건널 때는 더욱 조심해야 한답니다. 보호자 없이 어린이 혼자이거나 친구들끼리 신호등 없는 횡단보도를 건널 때는 먼저 차가 얼마나 가까이 오는지 확인해요. 차가 너무 많거나 쌩쌩 달릴 때는 건너지 않도록 해요. 앞서 설명한대로 차가 오는 방향을 보며 "길을 건너겠습니다."라는 표시로 손을 번쩍 들고 운전자와 눈을 맞추어 달리던 차가 서행하거나 멈추도록 유도한 다음 천천히 건너가도록 해요. 차가 멀리 있다고 그냥 달려서 건너면 안 돼요.

차는 어린이가 생각하는 것보다 훨씬 빠른 속도로 다가온답니다. 운전자가 누군가 건너고 있다는 것을 확인하지 못하고 속력을 내어 달린다면 아주 큰 사고가 발생할 거예요. 신호등이 없는 횡단보도, 주의해서 건너야 한다는 거 잊지 마세요!

66
도로 횡단 5원칙

쉽지만 제대로 실천하지 않으면 위험해질 수 있으니 반드시 실천이 습관되도록 도로 횡단 5원칙을 따라해 보세요.

1. 우선 멈춘다
2. 좌우 차를 살핀다.
3. 횡단보도의 우측에서 운전자를 보며 손을 든다.
4. 차량이 멈추는 것을 확인한다.
5. 운전자와 눈을 마주치며 길을 건넌다.

67
자동차 전좌석 안전벨트

안전벨트는 차의 앞좌석에 앉을 때만 매면 된다고 잘못 알고 있는 사람들이 많아요. 그러나 뒷좌석에 앉을 때도 반드시 안전벨트를 매야 해요. 안전벨트를 매지 않으면 급정거나 충돌 사고가 일어났을 때 큰 부상을 입게 돼요. 몸을 잡아주는 것이 없기 때문에 몸이 튕겨져 나가거든요.

차에 탈 때는 어느 자리에 앉든지 꼭 안전벨트를 매야 한다는 거 잊지 마세요.

68
바로 매야 안전벨트

차에 탈 때는 반드시 안전벨트를 매야 한다는 사실 알고 있죠?

안전벨트는 끈으로 되어 있어서 잘못하면 꼬이는 경우가 생겨요. 안전벨트를 매기만 하면 끈이 꼬여 있어도 상관없을 거라고 생각할 수 있어요. 그러나 실제로 사고가 났을 때 끈이 꼬여 있다면 목숨을 잃을 수도 있대요.

차가 부딪혀 충격을 받으면 안전벨트가 몸이 튕겨져 나가는 것을 막아줄 뿐만 아니라 충격을 흡수해 주기도 하는데 벨트가 꼬여 있으면 충격을 흡수하지 못하고 몸을 눌러서 내장 파열의 위험이 있어요.

안전벨트를 맬 때는 끈이 꼬이지 않았는지 확인하는 습관을 갖도록 해요.

69
덩치 큰 버스는 안에선 밖에서나 모두 조심

버스처럼 큰 차는 운전석도 높아서 운전자는 버스 바로 앞이나 뒤에 사람이 있어도 잘 발견하지 못해요. 특히 키가 작은 어린이는 더욱 발견하기 어렵지요. 따라서 차가 정차해 있더라도 버스 옆을 지나갈 때는 바짝 붙지 말고 거리를 두는 것이 안전해요.

　또한 길을 건널 때 버스 앞이나 뒤에 있으면 버스에 가려서 달려오는 차를 볼 수가 없어요. 이런 상황에서 달려서 길을 건넌다는 것은 불쑥 골목길에서 차도로 뛰어나가는 것과 같은 사고의 위험이 있답니다. 어린이들은 버스나 큰 차 근처에 바짝 붙어 있지 않도록 해요.

70
자동차 창문에 머리가 끼었어요.

자동차 창문은 대부분 운전석에서 전좌석의 창문을 여닫을 수 있는 파워 윈도우(Power Window) 시스템이에요.

이 시스템은 편리하긴 하지만 위험하기도 해요. 어린이들은 창문 밖으로 고개를 내밀거나 손을 내미는 행동이 위험하다고 자각하지 못하고 불쑥불쑥 돌발행동을 하는데, 어린이의 손이나 머리가 창문에 걸쳐져 있을 때 운전자가 이러한 상황을 알지 못하고 창문을 올려서 아이들이 다치는 사고가 발생하곤 한답니다. 실수로 버튼이 눌려서 사고가 나기도 하고요. 어른이 잠시 자리를 비운 사이에 운전석의 여러 가지를 만져보다가 사고가 나기도 해요. 실제로 어린이가 운전석에서 장난을 치다가 창문 버튼을 잘못 눌러서 뒤에 있던 어린이가 창문에 머리가 끼어 사망하는 사고가 있었어요.

차 안에서는 함부로 버튼을 누르거나 만지지 않도록 주의하는 것은 물론 창밖으로 고개를 내밀거나 손을 뻗는 등의 행동은 절대 삼가도록 합니다.

71
지하철에는 풍선을 갖고 타지 않아요.

헬륨풍선은 공기보다 가벼운 헬륨가스를 넣었기 때문에 위로 둥둥 뜨게 돼요. 헬륨풍선이 위험한 것은 헬륨 때문이 아니라 전동차의 전차선 때문이에요.

전동차는 전기로 가는 열차예요. 전차선에는 2만 5천 볼트의 고압전류가 흐르고 있는데 이 전차선에 풍선이 닿을 경우 풍선을 들고 있던 사람은 전기에 감전될 위험이 있어요. 또한 전기 마찰이 일어나면서 불꽃이 발생하고 이 불꽃이 다른 곳으로 옮겨 붙으면 화재가 발생할 수도 있답니다.

은박지로 된 헬륨풍선은 고무풍선보다 더 위험해요. 지하철 탈 때, 풍선은 가지고 타지 않는다는 것을 명심하세요.

72
지하철 승강장의 노란 안전선과 자동문

시민들이 버스만큼이나 많이 이용하는 지하철을 탈 때는 노란색 안전선 뒤쪽에서 기다려야 해요. 줄은 한 쪽에 두 줄씩 네 줄로 서도록 해요. 열차가 도착하면 **열차 안의 사람들이 모두 내린 다음에 순서대로 천천히 탑승해요.**

열차를 타고 내릴 때는 발밑을 잘 봐야 해요. 열차와 승강장 사이가 넓은 곳도 있거든요. 틈새로 발이 빠지는 사고를 막을 수 있어요.

또 문이 닫히기 직전이라면 급하게 뛰어 타지 않고 다음 열차를 기다려요. 무리하게 열차를 타다가 문 사이에 끼이는 사고가 발생할 수 있어요. 물건이나 사람이 문에 끼이면 대개는 문이 다시 열리지만, 간혹 기계 이상으로 문이 다시 열리지 않아 큰 사고로 이어지기도 해요. 뿐만 아니라 작은 사고라도 열차 운행 시간에 지장을 주어서 다른 많은 승객들이 불편을 받기도 해요. 여러 사람의 안전이 걸린 일이니만큼 승강장에서는 뛰거나 장난치는 행동 등은 절대 삼가야 해요.

73
지하철 승차 에티켓

지하철 안에서는 함부로 뛰어다니거나 심한 장난을 치면 안 돼요. 열차는 차보다 흔들림이 적지만 가끔 갑자기 멈추거나 흔들리는 경우가 있거든요. 자리에 바르게 앉거나 서 있을 경우에는 손잡이를 잡고 몸의 중심을 잡아요. 노약자석은 노인이나 몸이 불편하신 분을 위해 양보해 드려야겠죠?

출입문은 역에 따라 왼쪽이 열리기도 하고 오른쪽이 열리기도 해요. 만약 출입문에 기대어 있다가 갑자기 문이 열리면 큰 사고가 날 거예요. 출입문에는 절대 기대지 않도록 해요. 간혹 출입문이 열렸을 때 열차 밖으로 나갔다 들어오는 장난을 치는 어린이들이 있어요. 열차가 문을 열고 있는 시간은 매우 짧아요. 장난을 치면서 뛰어다니다가 열차 문에 끼일 수도 있고 넘어져 다칠 수도 있으므로 이런 장난을 치면 안 돼요.

열차에서 긴급 상황이 발생했을 때는 객실 끝에 있는 비상호출장치를 이용하거나 출입문 위에 붙어 있는 비상연락번호로 전화를 걸어 직원에게 도움을 구할 수 있답니다.

놀이안전

74
반드시 준비운동 하세요.

차가운 물속에 들어가기 전에는 반드시 준비운동을 해야 한다는 거 어린이 여러분들도 모두 알고 있죠?

몸에 갑자기 차가운 물이 닿게 되면 근육이 굳고 경련이 일어날 수 있어요. 준비운동을 하면 몸 관절이 풀어지게 되어 몸이 굳는 걸 예방할 수 있어요.

물놀이가 끝난 후에는 정리운동을 해줘요. 물놀이 후에 하는 정리운동과 스트레칭은 몸의 피로를 풀어주어 피로감을 줄여 준답니다.

물놀이 전후에 반드시 준비운동과 정리운동을 해서 안전하고 즐거운 물놀이를 하도록 해요.

75
물속에서 소변보는 친구 찾아내기

한창 즐겁게 물에서 놀고 있는데 소변이 마려우면 화장실에 가기가 귀찮아져요. 그래서인지 간혹 물속에서 소변을 보는 어린이들이 있어요. '물이 조금 더러워지지만 괜찮을 거야'라고 생각할 거예요.

물속에서 소변을 보면 단지 물이 조금 더러워지는 것이 아니에요. 물의 오염은 피부병과 눈병을 유발할 수 있거든요. 또한 물속에 들어가 잠수도 하고 신나게 놀다 보면 물이 코나 입으로 들어가기도 하죠. 만약 다른 사람이 오줌 싼 물을 마셨다고 생각해 봐요. 기분 나쁘겠죠?

수영장이나 계곡 등 물놀이를 할 때 물속에서 소변을 보지 않도록 해요.

76
튜브는 빵빵할수록 좋은 거 아닌가요?

물놀이를 할 때 튜브가 있으면 물놀이가 더 재밌어요. 튜브를 타고 둥둥 떠다니면 신나거든요.

튜브에 바람은 어느 정도 넣는 게 좋을까요?

튜브가 빵빵해지게 공기를 꽉 채우는 것이 좋다고 생각하나요?

아닙니다. 튜브를 이용하는 때는 보통 무더운 여름날씨이므로 손으로 눌렀을 때 약간은 말랑말랑한 정도가 좋아요. 온도가 높아지면 튜브 속 공기가 팽창하기 때문이죠. 튜브가 빵빵하도록 미리 바람을 채워 넣는다면 온도가 올라갈수록 튜브 속 공기가 점점 팽창하여 튜브가 터질 수도 있답니다. 여름에 바닷가는 피부가 화상을 입을 정도로 뜨거운 햇볕이므로 위와 같은 방법으로 튜브를 이용하도록 해요.

77
누가 내 신발 좀 건져 주세요.

계곡에서 물놀이를 할 때는 수영장에서보다 더 조심해야 해요. 계곡 바닥은 돌로 되어 있고, 물살이 세기 때문이죠. 이때 신발은 슬리퍼보다는 발에 고정이 되는 끈이 달린 신발을 신는 것이 좋아요.

만약 물놀이를 하다가 신발이 벗겨져 떠내려간다면 신발을 주우러 가지 말고 **주변의 어른에게 도움을 요청하도록 해요**. 겉으로 보기에 물살이 잔잔해 보여도 실제 물속의 물살은 다를 수 있거든요. 계곡의 물살이 심한 경우에는 어린이가 빠지는 것은 물론 어른들도 빠져나오기가 쉽지 않답니다.

여름철에 빈번한 물놀이 사고는 미리미리 조심하면 충분히 예방할 수 있습니다.

78
내 친구를 도와주세요.

친구가 물에 빠진 것을 발견했어요. 어떻게 해야 할까요? 이때 수영에 자신 있다고 물에 뛰어들면 절대 안 돼요. 수영을 아주 잘 하는 어른도 사람을 구하는 일은 쉽지 않아요. 훈련을 받은 사람만이 안전하게 구조를 할 수 있어요. 만약 훈련을 받지 않은 사람이 구조를 하러 들어가면 두 사람 모두 죽거나, 먼저 빠진 사람을 구조를 하고 본인은 빠져나오지 못해 죽는 경우도 있어요.

누군가 물에 빠졌다면 가장 먼저 119에 신고하고 주변의 어른에게 도움을 청하도록 해요. 어린이가 할 수 있는 일이라면 주위에 튜브나 나뭇가지, 막대기 같은 물건을 던져서 물에 빠진 사람이 잡고 나올 수 있도록 하는 거예요. 절대 물에 직접 들어가서는 안 된다는 것 잊지 마세요.

79
장난감 비비탄총 위험 경고!

장난감 무기류에 의해 빈번히 발생하는 안전사고의 많은 부분이 비비탄총과 관련있다는 통계가 있습니다. 사용 제한연령을 규정하고 있지만 사고의 절반 이상이 미취학 어린이 연령대라고 합니다.

　근래 들어 이중 안전장치를 개발하거나 사용상 주의사항을 더욱 크게 표기한다든지 비비탄총알을 삼키지 못하도록 어린이들이 싫어하는 맛을 내도록 제조하는 등의 어린이 위해사고를 방지하려는 노력을 계속하고 있습니다. 하지만 **무엇보다 어린이들이 위험요소를 인지하고 조심하는 것이 안전사고 예방의 지름길이겠지요.**

80
장난감 조각이 위험해요.

취학 아동 이전의 유아들이 사용하는 장난감 가운데 가장 위험한 요소 중의 하나는 장난감에서 떨어져 나오는 부속들입니다.

나무비즈를 금속 와이어에 끼워 넣어 숫자와 셈을 학습하는 놀이기구라든지 유모차에 달 수 있는 장난감이나 인형이라든지 여러 가지 작은 부속들이 사용된 장난감들은 일부러 분리시키지 않아도 떨어져 나오는 부품들이 있기 마련입니다. 크든 작든 그런 부품들을 아이들이 입으로 가져가기가 쉽거든요.

작은 조각은 아이에게 심각한 질식사고를 일으킬 수 있답니다. 뿐만 아니라 분리된 장난감의 날카로운 면이 눈을 찌르거나 살을 베이는 사고도 발생할 수 있습니다.

아이들의 놀이에 언제나 위험요소가 따른다는 것을 평소 교육을 통해 인식하도록 해야 합니다.

81
모래놀이도 조심!

손으로 모래를 움켜쥐었다가 놓았을 때 모래가 손가락 사이로 빠져나가는 느낌은 재미있어요. 모래놀이는 창의력을 길러주고 호기심을 자극해서 두뇌와 정서발달에 매우 좋은 영향을 준다고 해요. 이렇게 재밌는 모래놀이가 왜 문제가 될까요?

　어린이들이 모래놀이를 하는 곳은 주로 놀이터예요. 그런데 놀이터의 모래에는 각종 쓰레기가 버려져 있고, 애완동물들의 배설물이 섞여 있지요. 이로 인해 모래 속에는 기생충과 각종 나쁜 세균들이 살고 있어요. 이런 세균들은 피부병과 호흡기질환, 눈병 등의 세균성 질환을 일으키게 해요.

　모래놀이를 한 손으로 눈을 비비거나 몸을 만지면 눈병이나 피부병에 걸릴 수 있어요. 놀이 후에는 반드시 깨끗하게 씻도록 하세요. 또한 너무 더러운 놀이터에서는 모래놀이를 하지 않는 것이 안전하답니다.

82
그네는 재미있지만 위험하기도 해요.

놀이터에서 일어나는 사고 중에는 그네 사고가 가장 많다고 해요. 그네를 탈 때는 완전히 멈췄을 때 타거나 내리도록 해요. 줄을 양손으로 꼭 잡고 타야 하는데 손이 미끄러워 놓치거나 일부러 줄을 놓거나 하면 사고로 이어질 수 있어요.

또 그네가 높이 올라갔을 때 뛰어내리는 행동은 매우 위험해요. 잘못 뛰어내리면 다리를 다치거나 넘어지면서 팔이나 얼굴 등을 다칠 수도 있어요. 만약 다른 사람과 부딪친다면 더 큰 사고로 이어질 거예요.

간혹 서서 타거나 배를 깔고 엎드려서 타기도 하는데 바른 자세로 앉아 타지 않으면 중심을 잃거나 떨어져서 크게 다칠 수 있어요.

혼자서도 무게중심을 잘 잡아야 안전하게 탈 수 있는 그네를 두 사람이 한 그네에 타는 것도 위험하답니다. 더욱이 **그네는 움직이는 폭이 넓기 때문에 직접 그네를 타고 있는 사람은 물론 그네 주변에 있는 사람도 조심해야 해요.** 되도록 가까이 접근하지 않도록 주의하세요.

83
미끄럼틀은 미끄러워서 위험해요.

미끄럼틀 계단을 올라갈 때 여러 친구들이 한꺼번에 우르르 몰려서 올라가는 경우가 있어요. 이런 행동은 매우 위험해요. 앞의 친구가 발을 헛디뎌 넘어지면 뒤에 있던 친구까지 넘어져 굴러 떨어질 수 있거든요.

　또한 미끄럼틀을 올라갈 때는 반드시 계단을 이용하고 미끄럼판으로 올라가지 않도록 해요. 미끄럼틀을 타고 내려올 때는 엉덩이로 앉아서 내려와야 해요. 엎드리거나 서서 내려오는 것은 안 돼요. 서서 내려오다 균형을 잃으면 미끄럼틀 밖으로 떨어져 크게 다칠 수 있어요.

　미끄럼판은 플라스틱으로 된 것과 알루미늄으로 된 것이 있어요. 더운 날씨일 때는 알루미늄으로 만든 미끄럼틀이 햇빛에 달궈져 뜨겁습니다. 마찰력을 이용한 미끄럼틀이 뜨겁게 달궈져 있다면 화상을 입을 위험이 있으므로 너무 뜨겁게 달궈진 때는 이용하지 않도록 합니다.

　가방을 메거나 장난감을 들고 타는 것도 위험할 수 있다는 걸 명심하도록 해요.

84
혼자서는 탈 수 없는 시소

시소를 탈 때는 두 사람의 몸무게 차이가 많이 나지 않는 것이 안전해요. 몸무게 차이가 많이 나면 놀이 중 가벼운 친구가 튕겨져 나갈 수 있거든요.

시소에 앉을 때는 양 방향의 높이가 비슷하도록 기울기를 맞추고 앉아요. 어느 한쪽으로 완전히 기울어진 상태에서 올라타는 것은 위험해요. 시소를 기울여 타는 동안에는 튕겨지듯 반동이 생기기 때문에 손잡이를 꼭 잡고 이용해요. 호기심으로 뒤돌아 앉아 타거나 하면 나만 위험한 게 아니라 함께 타고 있는 친구까지 위험해질 수 있어요.

또, 시소 위에 서 있거나 뛰어다니는 행동은 절대 안 돼요. 균형을 잃는 순간 아래로 떨어져 큰 사고로 이어질 수 있습니다. 시소에서 내려올 때는 반드시 자신이 내릴 것을 미리 알리고 탈 때와 마찬가지로 양 방향의 높이를 맞춘 상태에서 조심히 내려오세요. 만약 한쪽에서 갑자기 내린다면 상대방은 시소에서 튕겨져 나가거나 심하게 부딪히는 충격으로 엉덩이나 다리, 머리 등을 다칠 수 있어요. 안전하게 이용하기를 명심하세요.

85
빙글빙글 재밌지만 내 머리도 빙글빙글

회전놀이기구는 완전히 멈췄을 때 타고 내려야 해요. 회전속도가 붙기 시작하면 점점 빨라지기 때문에 타고 있는 동안에 장난치다가는 넘어지거나 부딪쳐 다칠 수도 있고 기구에서 떨어질 수도 있어요.

놀이기구를 회전시킬 때는 너무 세게 돌리거나 갑자기 빠르게 돌리지 않도록 해요. 회전하고 있는 놀이기구를 무리하게 멈추려고 붙잡아서도 안 돼요. 어린 친구들은 힘이 약해 놀이기구에 끌려갈 수 있어요. 힘이 세다고 자랑하는 친구들도 힘을 이기지 못해 손목이나 팔목을 다칠 수 있으니 조심해요. 더욱이 회전하는 도중에 뛰어내리면 제대로 착지하지 못하고 넘어지기 쉬워요. 회전놀이기구와 바닥 사이의 공간에 들어가는 것도 매우 위험하니 절대 해서는 안 돼요.

어린이는 아직 성장 중이기 때문에 뼈가 약해서 다치기 쉽고, 다칠 경우 성장에 문제가 올 수도 있기 때문에 항상 조심해야 해요. 안전수칙만 지킨다면 재미있는 놀이기구지만 위험한 놀이기구가 될 수도 있다는 것을 명심하세요.

86
놀이터 안전사고 예방

놀이터에 갈 때 어떤 옷차림을 해야 하나요?

놀이터는 여러 가지 놀이기구가 많아요. 신나게 뛰어다니다 보면 옷이 놀이기구에 걸릴 수 있으므로 끈이 달리거나 장식이 많은 옷은 입지 않는 것이 좋아요.

놀이터 바닥은 어린이들이 넘어져도 크게 다치지 않도록 모래바닥이나 고무바닥으로 되어 있어요. 맨땅보다 부드럽다고 맨발로 다니지 않도록 해요. 모래 속에 숨겨진 쓰레기나 뾰족한 조각으로 발을 다칠 수 있거든요. 고무바닥에서도 발바닥 피부가 얇은 어린이들은 작은 돌조각에도 베일 수 있기 때문이에요.

놀이기구를 이용하면서 가장 많이 일어나는 사고는 끼임사고예요. 구멍 같은 데에 머리를 넣거나 놀이기구 틈으로 빠져나가는 등의 행동은 하지 않도록 해요. 건너는 기구나 오르는 기구를 이용할 때에도 틈새에 몸의 일부분이나 옷자락이 끼이지 않도록 조심해요.

87
데구루루 찻길로 굴러가는 공

공놀이를 하다가 공이 차도로 굴러간다면 어떻게 해야 할까요?

차들은 건널목이 없는 차도에서는 별로 주의하지 않고 운전을 하기 때문에 어린이들이 갑자기 차도로 뛰어든다면 차들이 미처 멈출 겨를이 없거나 발견하지 못해서 사고가 날 수 있어요.

그렇다면 이런 상황에서는 어떻게 하는 것이 좋을까요? 일단은 주변에 어른이 있는지 찾아보고 어른들에게 도움을 구해요. 도움을 구할 어른이 없을 때는 반드시 차가 오고 있는지를 확인한 다음, 차가 있다면 손을 들고 멈추기를 기다렸다가 차가 멈췄을 때 안전하게 공을 가져오도록 해요.

88
자전거로 횡단보도 건너기

자전거는 2륜차예요. 자동차와는 달리 횡단보도를 이용해서 길을 건너지요. 단, 주의할 점은 반드시 자전거에서 내려서 자전거를 끌고 건너야 한다는 것이에요.
　보행자들이 건너는 횡단보도를 자전거를 탄 채로 달려서 건넌다면 매우 위험해요. 사고가 날 위험이 있지요. 또한 교통법규에도 어긋나는 것이에요. 자전거를 타고 횡단보도를 건널 때는 꼭 자전거에서 내려서 천천히 자전거를 끌고 길을 건너도록 해요.

89
자전거 면허증 갖고 있나요?

자동차를 운전하려면 운전면허증이 필요해요. 아무런 교육 없이 차를 운전한다면 여기저기 사고가 날 거예요.

　바퀴가 2개인 자전거를 예전에는 '자전차'라고도 했어요. 사람의 힘으로 바퀴를 움직이는 이륜차입니다. 자전거에도 면허증이 있다는 것은 어른들보다 어린이들이 더 잘 알 거예요. 학교에서도 안전교육과 함께 면허증을 갖출 수 있도록 권장하고 있으니까요.

　자전거 안전운전 면허증은 세계 17개국에서 어린이 안전사고예방활동을 하고 있는 SAFE KIDS가 인정하는 면허증이에요. 면허증을 따기 위해서는 '세이프키즈코리아'에 회원가입을 하고 필기시험을 거친 후 실기시험을 등록하고 실시시험에 합격해야 해요. 운전면허증을 따는 과정과 비슷하죠?

　자전거 안전운전 면허시험은 7세부터 6학년까지만 볼 수 있어요. 자전거 면허증을 따서 안전운행 하도록 해요.

90
보호 장비가 큰 사고를 예방해요.

인라인 스케이트나 킥보드, 자전거 등의 탈것을 탈 때에는 안전모나 무릎 보호대 등의 보호 장구를 착용해야 해요. 안전모를 착용하면 넘어지거나 하는 사고가 났을 때 다칠 위험을 85%나 줄일 수 있대요.
　안전모는 머리에 꼭 맞는 것을 착용하는 것이 중요해요. 안전모가 너무 크거나 끈을 매어 고정하지 않으면 사고가 났을 때 머리를 잘 보호해 줄 수 없어요.
　보호 장구로는 안전모 외에 무릎 보호대, 팔꿈치 보호대, 손목 보호대 등이 있답니다.

91
자전거 안전 점검하세요.

자전거를 타는 것보다 더 중요한 것은 안전점검이에요. 고장나거나 이상이 있는 자전거를 탄다면 사고가 나서 다칠 수 있거든요. 간단한 체크만으로도 안전하게 자전거를 탈 수 있어요.

타이어 상태 확인 : 타이어에 바람이 빠지지는 않았는지, 찢어지거나 구멍이 뚫린 곳은 없는지 확인해요.
브레이크 확인 : 손잡이에 있는 브레이크를 잡고 자전거를 앞뒤로 흔들어 브레이크가 제대로 작동되는지 확인해요.
체인 확인 : 페달을 밟아서 체인이 제대로 돌아가는지 확인해요.

92
빙판길은 놀이터가 아니에요.

겨울이 되고 날씨가 추워지면 눈이 내려요. 눈이 바닥에 쌓여 그대로 얼게 되면 미끌미끌 빙판길이 되지요. 빙판길은 마치 아이스링크 같기도 해요. 그래서 빙판 위에서 스케이트를 타듯이 장난을 치는 친구들이 많아요.
　딱딱하고 미끄러운 빙판에서 장난을 치다가 균형을 잃고 넘어지면 크게 다칠 수도 있어요. 머리를 부딪친다면 뇌진탕에 걸릴 수 있고 몸으로 떨어진다면 팔이 부러지거나 어깨를 다칠 거예요. 엉덩방아를 심하게 찧어 허리나 골반 등을 다치면 큰일이에요.
　겨울에 빙판길에서 넘어져 다치는 사고는 매년 일어나고 있어요. 빙판길을 다닐 때는 장난치지 않고 조심하여 다치는 일이 없도록 주의해야 한답니다.

식품안전

93
마시면 안 되는 걸 마셨어요.

실수로 마시면 안 되는 물질을 마셨다면 빨리 우유나 물을 마시고 토해내야 해요. 하지만 가솔린이나 기름 종류는 토하는 것이 더 위험하므로 바로 병원으로 가야 한답니다. 빙초산이나 세척제를 마셨을 때는 우유를 마시고 병원에 가는 것이 좋아요.

병원에 가기 전에 응급처치를 하기 위해서는 119에 신고하여 도움을 받도록 하세요.

94
문방구에서 파는 불량식품 안 사먹기

학교 주변의 문방구나 구멍가게에서 파는 불량식품을 먹어본 경험이 있을 거예요. 그런데 이 불량식품들을 먹는 것은 매우 위험해요. 어디에서 어떤 재료로 어떻게 만들어졌는지 알 수가 없기 때문이죠. 먹으면 안 되는 나쁜 성분이 들어있을 수도 있어요. 만들어지는 과정도 확인할 수 없으니 적절한 위생 상태에서 만들어졌는지도 알 수가 없거든요.

　당장에 아무런 증상이 나타나지 않는다고 해서 안전한 식품은 아니에요. 성장기인 어린이들에게는 더욱 중요한 문제이지요. 불량식품은 물론 인스턴트 음식들도 되도록 먹지 않도록 해요.

95
유통기한 확인 습관

밖에서 음식을 사먹을 때, 가장 중요하게 확인해야 할 것이 유통기한이에요. 특히 여름철에는 음식이 변질되거나 상할 위험이 크기 때문에 제조일자와 유통기한을 꼭 확인해야 해요.
　유통기한에 가장 민감한 음식은 유제품이에요. 우유의 경우 유통기한뿐만 아니라 제조일자까지도 표시가 돼 있어요. 제조일자까지 확인한다면 더 신선하고 맛있는 식품을 믿고 먹을 수 있겠죠?

유통기한을 확인하는 습관을 기르도록 해요.

*유통기한이란?
주로 식품 따위의 상품이 시중에 유통될 수 있는 기한.

96
냉동된 아이스크림은 상하지 않을까요?

아이스크림을 사 먹을 때 유통기한을 확인한 적이 있나요?

아이스크림은 꽁꽁 얼린 상태로 유통되고 판매되므로 상하지도 않기 때문에 유통기한이 따로 없었어요. 그렇지만 제조한 지 몇 년이 된 아이스크림을 먹고 싶은 사람은 없을 거예요.

그래서 2009년 1월부터 빙과류와 아이스크림류에도 제조년월을 표시하게 되었어요. 제조년월 표시는 제품을 다 만든 후에 표시하는데 콘이나 튜브, 플라스틱 통의 제품은 인쇄가 까다로워서 표시가 안 되었지만, 현재는 이런 제품들도 표시하고 있어요.

이제부터 아이스크림을 사 먹을 때도 제조년월을 확인하는 것이 좋겠죠?

97
만날 손 씻으래서 귀찮아요.

"밖에 나갔다오면 손 먼저 씻어라."
"밥 먹기 전에 손 씻어라."
이런 말들을 많이 들었죠?

신종 인플루엔자가 유행했을 때에는 마치 캠페인처럼 손 씻기를 더욱 강조하였지요. 그만큼 손을 깨끗이 씻는 것이 중요해요. 또 질병을 예방하는데 있어서 가장 쉽게 실천할 수 있는 예방법이기도 하지요.

손을 통해 병균이 들어와 전염성 질병에 걸리기 쉽기 때문에 손을 깨끗이 잘 씻음으로 식중독을 예방하는 것은 물론 유행성 눈병, 감기, 수족구 등의 질병을 피할 수 있답니다. 늘 손을 깨끗이 씻는 것을 습관들이는 게 좋겠지요.

98
상한 음식인지 몰랐어요.

식중독은 보통 상한 음식을 먹었을 때 걸리게 돼요.

식중독에 걸리면 72시간 이내에 구토, 설사, 복통, 발열 등의 증상이 나타나게 돼요. 식중독에 걸리면 설사나 구토로 인해서 탈진할 위험이 있기 때문에 물을 많이 마셔주는 게 좋아요.

식중독에 걸리지 않으려면 손은 비누로 깨끗이 씻고, 음식물은 익혀서 먹고, 물도 끓여서 먹는 것이 좋아요.

날씨가 더운 여름철에는 음식물이 상하기 쉽기 때문에 다른 계절보다 식중독에 걸릴 위험이 높아요. 여름철에 음식을 먹을 때는 더욱 조심해야겠죠?

손씻기 : 손은 비누를 사용하여 손가락 사이사이, 손등까지 골고루 흐르는 물로 20초 이상 씻는다.
익혀 먹기 : 음식물은 중심부 온도가 74℃ 이상, 1분 이상 조리하여 속까지 충분히 익혀 먹는다.
끓여 먹기 : 물은 끓여서 마신다.

99
왜 맛있는 햄버거를 못 먹게 하나요?

패스트푸드를 대표하는 햄버거는 어린이 어른 할 것 없이 좋아하는 음식이에요. 그런데 햄버거를 정크 푸드(junk food)로 분류하는 이유는 고열량에 저영양소를 가진 음식이기 때문이에요.

　영양에 비해 고열량이기 때문에 햄버거를 많이 먹으면 비만이 될 가능성이 매우 높아요.

　아동비만의 40%가 성인비만으로 이어지고, 비만은 당뇨, 고혈압, 고지혈증 등의 성인병의 원인으로 이어져서 건강을 위협하게 된답니다.

　몸에 좋은 음식이라도 지나치게 많이 먹는 것은 건강에 좋지 않은데 좋지 않은 음식을 자주, 많이 먹으면 더욱 좋지 않겠지요. 어릴 적 바른 식습관은 평생의 건강을 좌우한다고도 할 수 있답니다.

100
말랑말랑 달콤한 젤리가 위험해요.

말랑말랑한 젤리는 표면이 매끄러워서 조심하지 않으면 씹히지 않은 상태로 삼키다가 목에 걸릴 위험이 있어요. 실제로 젤리가 목에 걸려 질식사한 사건이 있었어요.
　젤리를 먹을 때는 큰 조각을 한 번에 삼키지 말고 충분히 씹어 먹도록 해요. 가장 위험한 것은 작은 컵에 들어 있는 젤리예요. 작은 컵 젤리는 한입에 쏙 들어가기 때문에 한 번에 훅 빨아들이기도 하지요. 하지만 덩어리째 빠져서 한입에 먹는다는 것이 목구멍까지 빨려 들어가면 좁은 식도나 기도가 막히는 사고가 발생할 수 있어요. 그런 경우 재빨리 응급상황에 대처해 빼내지 못하면 생명을 잃을 수도 있답니다.
　젤리를 먹을 때는 반드시 목에 걸리지 않도록 조심하며 먹도록 해요.

"어린이는 우리가 보호해야 할 우리의 미래입니다."

-담터미디어 어린이 대백과 시리즈-

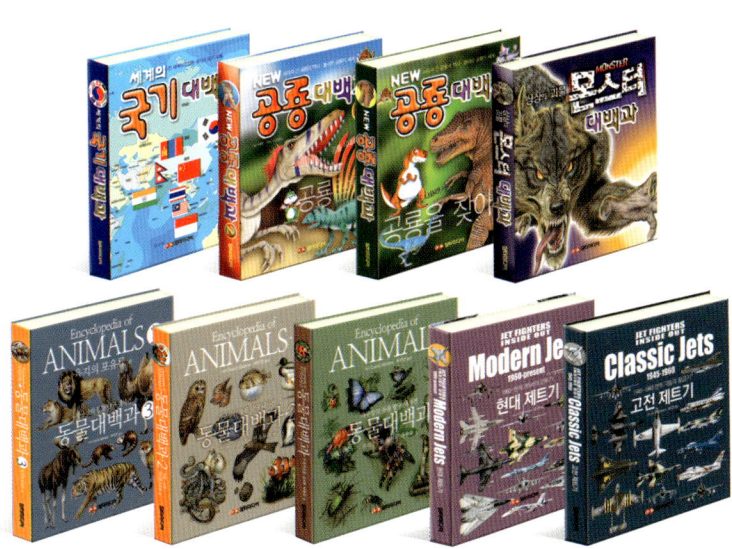

계속 출간됩니다.